美丽中国系列
Beautiful China

100人间天堂畅游通

路芸霞 主编
壹号图编辑部 编著

江苏凤凰科学技术出版社

图书在版编目（CIP）数据

100 人间天堂畅游通 / 路芸霞主编；壹号图编辑部编著 . -- 南京：江苏凤凰科学技术出版社，2017.11（2018.2 重印）
（含章 . 美丽中国系列）
ISBN 978-7-5537-6932-5

Ⅰ . ① 1… Ⅱ . ①路… ②壹… Ⅲ . ①旅游指南－中国 Ⅳ . ① K928.9

中国版本图书馆 CIP 数据核字 (2016) 第 173247 号

100人间天堂畅游通

主　　编	路芸霞
编　　著	壹号图编辑部
责任编辑	张远文
责任监制	曹叶平　方　晨
出版发行	江苏凤凰科学技术出版社
出版社地址	南京市湖南路1号A楼，邮编：210009
出版社网址	http://www.pspress.cn
印　　刷	北京旭丰源印刷技术有限公司
开　　本	718mm×1000mm　1/16
印　　张	16
字　　数	350 000
版　　次	2017年11月第1版
印　　次	2018年2月第2次印刷
标准书号	ISBN 978-7-5537-6932-5
定　　价	49.80元

前言

“世界那么大，我想去看看！”一位中学教师的辞职理由曾风靡网络，引起了多方关注，仿佛一阵钟鸣在许多人的心底荡起了回声。如今，雾霾逼迫着人们出行常以口罩蒙面，城市的天空早已不复往日那般蔚蓝澄澈，霓虹和路灯把月亮和星辰的美丽遮盖，我们的眼睛失去了对颜色的敏锐感知，甚至都忘记了四季变换。

耳畔的汽笛和喇叭声，催促着行人的脚步、时光的步伐，迫使我们马不停蹄地赶赴下一个地方，途中连看一眼窗外风景的时间都没有，幸福指数在疲惫的生活中一路狂跌，试问谁来弥补我们的日子，答案是：我们自己。

暂时放下手边的工作，给自己的心情放个假，不用躲在家里一个人看电视打发时间，也不必对着窗外回味过去的时光。如果你愿意，完全可以放下手中的琐事，趁着春光明媚，去林芝赏一路桃花，让来自雪山的清风拂过你的前额；在烈日当头的时候，来承德避暑山庄消除一夏的酷暑，漫步在回廊亭阁中或者坐看一池的碧荷；若是秋高气爽，不妨到杭州西溪游览湿地，在黄昏日落时，乘着小船穿过小桥流水人家；等到银装素裹，何不来米堆冰川，看那壮美的冰景……

旅行的意义并不是为了四处游走拍一些向别人炫耀的照片，而是重新出发，寻找一种快乐和体验一些不一样的生活。感悟自然风光中蕴藏的人生哲理，追寻生命萌发时最激昂的原动力，那才是旅行的意义。如果有了想要出门看看的冲动，那么千万别再拿忙碌来当借口把它回绝，一切都很简单，只需要坚定的信念。

在这片美丽而宽广的大地上有无数的人间天堂，每一处风景都独具特色，令人沉醉。本书细心甄选了我国 100 处风景名胜，其中有众所周知的杭州西湖、承德避暑山庄等旅游胜地，也有许多你听过名字但不知其面目的毕棚沟、东川红土地等世外桃源，当一张张美丽的图片出现在你的眼前，你还能不心动吗？放下烦恼和忧愁，带着快乐出发，前面有无数的惊喜在等着你。

在本书编写过程中，浙江旅游职业学院江涛教授为本书提供了部分参考资料和图片，并给出了许多宝贵的修改意见，使得本书内容更为严谨、实用。在此也感谢江涛老师对本书的贡献和支持！

目录

第一章
天与地的神奇造化

第二章

风与水的潋滟清韵

第三章

情与迷的人间乐土

第四章

广与秀的绿色海洋

第五章

奇与幻的沧海遗珠

第一章

天与地的神奇造化

黄山 奇绝之山

“五岳归来不看山，黄山归来不看岳”，黄山自古就以奇松、怪石、云海、温泉而闻名，吸引了无数的文人墨客。青黑的峰岩远远望过去如同一弯黛眉，在缭绕的云雾中若隐若现，令人煞是沉醉。千峰竞秀的黄山如此磅礴壮观，难怪游遍万水千山的徐霞客曾写下“薄海内外之名山，无如徽之黄山”之句赞美黄山的巍巍气势。

有人说“泰山雄伟，华山险峻，峨眉如女子一般秀丽”，那么超越众山之山的黄山是怎样的呢？清人赵士吉曾说：“黄山之奇，信在诸峰；诸峰之奇，信在松石；松石之奇，信在拙古；云雾之奇，信在云海。”雄奇、巍峨的黄山也有峻秀、妩媚的美，这些美是大自然经过漫长的时间雕琢而成的，这里不仅有林立的奇峰和怪石，还有壮观的冰川和瀑布。

高高耸立的山峰在翻腾的云海间若隐若现。

独特的自然风貌孕育了黄山群峰林立的景观，七十二座山峰向来被称为“三十六大峰，三十六小峰”。若是在高空俯瞰，瑰丽的莲花峰、开阔的光明顶和险要的天都峰，呈三足鼎立之势，姿态百千的小山峰环绕周围。莲花峰是最高主峰，海拔约1864.8米，形状像极了盛放的莲花。峰顶平旷，峰壁多处有石刻，“真好造化”“天海奇瀛”“壁峭摩天”等。在山顶眺望，山脉起伏，云海苍茫，可谓“一览众山小”。光明顶因为山顶空阔、阳光照射的时间长而得名。山体峭然傲立，形如覆钵，视野开阔，云潮海涌，长空一色，是看日出、观云海的最佳去处。天都峰意为“天上的都会”，是黄山众多山峰昂首仰视的最尊贵的山峰。峰壁峭石横空突起，蜿蜒绵长的栈道犹如一条长蛇攀缘而上，在时隐时现的天都峰中显得尤为高不可攀。黄山林立着许多形状奇怪的山峰，如猴子观海、苏武牧羊、老僧采药、飞来石等，形态各异的石头为黄山增添了无穷的趣味。

巍然屹立的黄山山峰直插云霄，蔚为壮观。

黄山有三大名松，分别为“迎客松”“陪客松”“送客松”。其中最著名的当属“迎客松”，它就像一位热情好客的主人在欢迎五湖四海的朋友来到这里。破土而出的迎客松，枝干十分强劲有力，即使经过风霜的侵蚀，依然显示出郁郁葱葱的生机、雍容华贵的姿态，如同一个绿色的巨人站在那儿，和游人一起看日升日落、云卷云舒。

迎客松是黄山松的标志和象征，已有1000多年的树龄，它就像一位热情好客的主人欢迎不同地方的游客。

除却奇松、怪石和云海，黄山的温泉也是一绝。黄山温泉的水含重碳酸，无硫，自唐代开发以来，颇得游客好评，享誉千年

静立在山顶的石猴眺望着远方，仿佛在观看云海翻涌。

风景如画的呈坎古镇位于黄山风景区的山脚，是徽州文化的重要代表。

黄山一片云蒸霞蔚，好似人间仙境。

不衰。相传轩辕帝曾在这里沐浴，并最终羽化升仙，故黄山温泉又被称为“灵泉”，并且得到了古今名人的种种赞美。如唐代诗人贾岛在《纪温泉》长诗中有“伐马返骨髓，发白令人黟”的名句盛赞温泉的解乏疗愈之效，宋代诗人朱彦在《游黄山》一诗中高度评价黄山温泉说：“三十六峰高插天，瑶台琼宇贮神仙。嵩阳若与黄山并，犹欠灵砂一道泉。”一路上欣赏奇松怪石，走得乏累了，刚好可以在这里泡泡温泉消除旅途劳顿。

黄山的三大名瀑分别是九龙瀑、人字瀑和百丈瀑。其中人字瀑因为泉水从左右两边流下来，像极了“人”，所以命名为人字瀑。百丈瀑从青潭和紫云峰之间陡峭的悬崖上倾泻而下，于是便有了百丈瀑。若说黄山中最为壮丽的瀑布，那定是九龙瀑。古人曾赞曰：“飞泉不让匡庐瀑，峭壁撑天挂九龙。”汇集多处水源，从近百米的断崖分九层倾泻而下，蔚为壮观，每层有一潭水，故称九龙潭。

但凡有名的高山，都可以见到壮观的云海。黄山因为充满了奇幻瑰丽的云海而被称为“云雾之乡”，云海翻滚涌动，很是瑰丽壮观。黄山多云雾，一年中有 200 多天都是云雾天气，山谷中水汽升腾、汇集，就成了云海。云来雾去，时而平静如毯，时而狂涌如潮，变化莫测，站在山峰的高处犹如置身于云端。

黄山的云海有东海、南海、西海、北海和天海五大区域，景色各有不同。黄山的云海一年四季都可观赏，冬季是观赏云雾的最佳季节。这时的云雾厚重，涌动的云海如波涛汹涌，劈山削石般流动在山峰之间。

在黄山中，大自然把险峻的山峰、奇异的石头与清澈的泉水、变幻的云海糅合在一起，实现了刚与柔、实与虚的完美结合。它的任何一个景色虽都有着其他名山大川的痕迹，却依然有着它独领风骚、天然合一的魅力。这就是黄山，一个“黄山归来不看岳”的黄山。

旅游小贴士

地理位置： 安徽省黄山市

最佳时节： 四季皆宜

开放时间： 周一至周五、周日 06：30 ～ 16：30，周六 06：00 ～ 16：30

旅游景点： 鳌鱼峰、鳌鱼洞、迎客松、天都峰、半山寺、慈光阁、云谷寺、白鹅岭、始信峰、黑虎松、猴子观海、排云亭、西海大峡谷

特色风味： 徽州臭鳜鱼、火烧冬笋、毛豆腐、豆腐老鼠、蟹壳黄

泰山 五岳之首

“泰宗秀维岳，崔崒刺云天。岝崿既崄巇，触石辄迁绵。登封瘗崇坛，降禅藏肃然。石闾何晻蔼，明堂秘灵篇。”谢灵运的《泰山吟》将泰山的雄奇峻秀描写得淋漓尽致，其山之险峻，景之秀丽，底蕴之深厚，无愧其“五岳之首”的美誉。泰山也确实以险峻的山势和秀丽的风景赢得了大批文人墨客的歌颂和帝王将相的推崇。

文人墨客的驻足吟诵、帝王将相的祭祀诉功赋予了泰山深厚的文化底蕴。在这里，大自然的鬼斧神工与积淀了数千年的精神文化相互渗透渲染和映衬，相得益彰，形成完美的结合，泰山也因此被尊为五岳之长。

泰山石刻为这座巍峨的大山增添了深厚的文化底蕴，石刻数量在我国的一众名山中居于首位。

雄壮的泰山巍然屹立在齐鲁平原上，向东可观浩渺的大海，向西可看奔腾的黄河，前望曲阜，背靠济南，磅礴之姿尽显王者之风。传说，昔日盘古开天辟地之后，其身体各部化为中国大地之山川，其中头部就变成泰山，故而泰山被称为“天下第一山”，为五岳之首。其实，泰山位于我国东部，而东方被誉为生命和希望的象征，先民们把雄伟奇特的泰山视为神灵，于是，泰山便成了“万物孕育之所”的“吉祥之山”。而统治者更是把泰山作为国家权力的象征，于是就有了答谢上天“授命”之恩的封禅大典，泰山的地位由此变得更加高大了。

泰山不仅有着独尊于五岳的历史文化底蕴，还有着美不胜收的自然风景。泰山的风景十分的雄奇壮丽，层峦叠翠、凌空高耸的山势，庞大雄壮的形体，苍松巨石更增添山体的厚重，如烟云雾在山峰间似清泉流淌，使泰山在现实与虚幻、雄伟与清雅间转换。泰山有主要的风景名胜近百处，清澈冷冽的五盘池、苍劲葱茏的古树、犹如登云梯的十八盘，还有众多的文物古迹，如岱庙、红门宫、南天门等。

泰山的日出尤其美，也是游人登泰山所向往的。日出之时，冲破云雾的第一缕曙光犹如锋利的戈矛刺破厚重的黑幕，沸腾的云海像听到号角的战士与黑暗展开激烈的战斗。当天空开辟出一片洁净的云海，日轮终于撩开那层薄薄的纱帐，像一个冉冉升起的宫灯，喷出万道霞光照亮天际。泰山日出的整个过程宏伟壮观、惊心动魄，瞬息间演化出千万种五彩缤纷的画面，那么神奇，让人感受到万物生生不息之美。

壮美的泰山日出。

沿着泰山的登山盘道一路不停，直至山顶就是“登天之门”南天门。

旅游小贴士

地理位置： 山东省泰安市

最佳时节： 9 ~ 11月

开放时间： 全天开放

旅游景点： 岱庙、红门、斗母宫、中天门、云步桥、十八盘、升仙坊、南天门、玉皇顶

特色风味： 豆腐宴、药膳宴、野菜宴、赤鳞鱼

说到泰山，就不得不提著名的“泰山十八盘”。泰山的登山盘路极其险峻，其中尤以泰山十八盘最为险要、出名，仅石阶就有近 2000 级。位于松山北面的十八盘，两岸都是高耸的山崖，中间是一线天，旧时候这里被称为龙门，现在则是开山，开辟于乾隆末年。前面有新盘口，还有陡峭挺立的两座山峰，一线天和南天门都是这里独特的景观。在天门抬头仰望，盘旋的路就像倒挂着的水练，两边还有“层崖空谷”“如登天际”“天门长啸”等雕刻。从古至今泰山十八盘就有这样的三个说法：自开山至龙门前 393 级为“慢十八”，中间 767 级为“不紧不慢又十八”，后至南天门的 476 级为“紧十八”。在“紧十八”路段有一块儿巨石悬空在那里，好像侧枕的佛头，面带微笑，仿佛欢迎各地游客，故名为迎客佛。

“岱宗夫如何，齐鲁青未了。造化钟神秀，阴阳割昏晓。荡胸生层云，决眦入归鸟。会当凌绝顶，一览众山小。”泰山又名岱宗，山中建有岱庙。岱庙始建于汉代，是祭祀祖先和日月天地的重要场所。至唐朝时已经很是巍峨辉煌，高耸的殿阁庙宇显示出万千气象，与北京故宫、曲阜三孔和承德避暑山庄并称为我国四大古建筑群。此外，泰山还有玉皇寺、神宝寺、斗母宫、碧霞祠等诸多建筑，历来为文人墨客所称颂。

泰山厚重的山体在苍松、云烟的装点下于雄浑之中透露着明丽，在冉冉升起的旭日的衬托下，宛如镀上无边的光芒，美得动人心神。即使光芒散尽，泰山依然不改其“镇坤维而不摇”的威仪。

泰山玉皇顶上的青帝宫经过了风雨的洗礼，斑驳的墙壁浸透着浓厚的历史韵味。

恒山 绝塞名山

恒山的美是低调古朴之美，与其他四岳不同。恒山因为重要的地理位置历来是兵家必争之地，是塞外通向中原的咽喉要道，被誉为“绝塞名山”。巍峨雄伟的恒山使古代文人墨客写下了“岩峦叠万重，诡怪浩难测”的绝美诗句。

恒山是北岳主峰，有著名的“恒山十八景”。在东西两侧各有一座山峰，天峰岭和翠屏峰，两峰对峙，草木杂生，美若画卷。金龙峡是进出恒山的天然门户，它位于悬崖峭壁的两座山峰之间。每当大雨倾泻而下，峡谷间雨雾纷飞，晴岚缥缈，溪水滚势滔滔，奔流而去。明代著名的旅行家徐霞客曾写下这样的赞叹：“伊阙双峙，武夷九曲，俱不足以拟也。”这就是恒山著名的景观“磁峡烟雨”。

泰山有着闻名天下的迎客松，恒山也有着属于自己的迎客松。在步云路的石阶处有一个名为“虎风口”的景观，登临此处时，狂风放肆吹来，远处传来阵阵松涛声，犹如猛虎长啸巨龙长吟，故名为虎风口。临风的地方耸立着一棵高大的古松树，根茎交织盘错，这就是著名的悬根松。悬根松巍然耸立，庄严肃穆，好像一位恒山的使者，在这里迎宾送客。

作为北岳大帝的居住地，自然少不了仙山洞府。在恒山的紫芝峪东崖上，有一处刻有“白云灵穴”的山洞，名为出云洞或是白云洞。相传这个洞深不见底，往下通往地海龙宫，若是恰逢降雨，洞内有时还会吐出一团一团的白雾，缭绕的云雾霎时间便弥漫了整个山野，形成一幅动人的美景，这是来到恒山不可错过的美景之一。置身其中，宛如仙境般的迷人景色令人心动不已。朝殿西侧的会仙府是恒山最高的庙观，相传这里是众多仙家的聚会之地。身处其中，头顶上是悬崖深渊，脚下是缭绕的云雾，缥缈如同仙境。

历经千年风雨而不倒的古建筑为恒山增添了浓郁的历史文化意蕴。

来到恒山，有一个地方你不能不去，那就是恒山“十八景”中的第一景——悬空寺。悬空寺凌空悬挂在翠屏峰的悬崖绝壁上，下临深渊，十分地险峻，于是就有了“悬空寺，半天高，三根马尾空中吊”的说法。寺庙建造于北魏后期，是融合了佛教、道教和儒家文化的一座寺庙，原名玄空阁，“玄”和“空”分别取自道教和佛教教理，后因寺院如同悬挂在峭壁之上，“悬”又与“玄”同音，故而改名为“悬空寺”。悬空寺大概总长 32 米，距地面约 50 米，有 40 多间的殿阁楼宇，整体上呈现出“一院两楼”的布局。南北方向有两座壮观的高楼隔空相望，两者皆位于悬崖峭壁上，有合抱的环廊，有交叉的殿阁，还有架起的长空栈道，排列十分有序。长约 10 米的长线桥连接了南北两座楼，桥上建造有楼并且还有殿，一起组成了一处奇幻、美妙的景观。悬空寺素来以险峻的选址、巧妙奇特的结构而闻名，是恒山一处绝妙的景观。

悬空寺是恒山最独特的景观，是一座儒、道、佛三教合一的寺庙。

自然的鬼斧神工、三教圣地、名人掌故、风土民俗……无不体现着恒山的美，相信你登临此山之后定会有“灵山瞻礼罢，登览意无穷”的美妙感受。

旅游小贴士

地理位置： 山西省大同市浑源县

最佳时节： 4 ~ 10 月

开放时间： 夏季 06 : 30 ~ 19 : 00，冬季 08 : 00 ~ 18 : 00

旅游景点： 悬空寺、北岳庙、金龙峡、琴棋台、出云洞、先贤祠、桃花洞

特色风味： 推窝窝、搓胳卷、豆面猫耳朵、凉粉、拿糕、苦菜

峨眉山 天下名山

“蜀国多仙山，峨眉邈难匹”，峨眉山美在其如诗如画，十万里江山如同一幅山水画，绵延起伏的山形如同女子婉转的青黛，颇有“水是眼波横，山是眉峰聚”的无限韵味。置身峨眉山，无论是其山水，还是其禅佛寺院，总会让你感受到丝丝的妩媚。

峨眉山的云海变幻莫测，有时候缥缈如烟，有时候翻涌如海。

峨眉山在四川省的西南方向，包括了大峨山、二峨山、三峨山和四峨山，而我们通常说的峨眉山指的就是大峨山。大峨山、二峨山相对耸立，在缥缈的云雾间，双峰时隐时现。陡峭险峻的山峰，远远望过去，充满了无限韵味，令无数文人墨客折腰。峨眉山素来多雾，经年不断的云雾缠绕在山头，其千变万化的姿态为峨眉山披上了一层缥缈的外衣。峨眉山从山脚到山顶四季之景交替，十里天气变幻莫测，忽的云雾缭绕，忽的翻云覆雨，神秘无比。

报国寺壮观而古朴，有着悠久的历史，游览峨眉山就从这里开始。

旅游小贴士

地理位置： 四川省峨眉山市

最佳时节： 春、秋季

开放时间： 全天开放

旅游景点： 报国寺、伏虎寺、雷音寺、纯阳殿、清音阁、洪椿坪、洗象池、雷洞坪、接引殿、金顶

特色风味： 叶儿粑、卤鸭、豆腐脑、凉糕、肉包、谷粑

在巍峨的峨眉光明山脚下，古朴沉郁的报国寺是峨眉山最大的寺庙，游览峨眉山就从这里开始，同时也担当着守护峨眉山的重大责任。报国寺始建于明朝万历年间，名“会宗堂”，到清朝时，康熙取“报国主恩”之意，故而改名为报国寺。清晨，报国寺内悠扬的钟声响起，仿佛一颗石子投入静谧的湖水，驱散笼罩峨眉山的雾气，打破崎岖山林的宁静。

拾级而上，栈道曲折蜿蜒，可谓是一步一景，别有洞天。一路上美景不断，有参天的古木，还有连绵不绝的幽深潭谷，不时有飞瀑泻下，水声隆隆，也有小溪潺潺，彩蝶飞舞。一线天位于峡谷之地，两岸峭立的悬崖好像刀削斧砍一般，十分险峻。置身其中，远处轰鸣的瀑布声在山间回荡，两岸怪石嶙峋，狭窄的山道在山间迂回曲折，有一种“曲径通幽”的感觉。所通之“幽”即清音平湖，湖水十分清澈，几可见底。四周古木葱茏，倒映在湖水中犹如一块碧玉，深深浅浅，置身其间，氤氲的水汽涤尽尘世的俗气，可好好享受一番山水之情，逍遥之乐。

穿梭于峨眉山的秀丽风景中，领略山之峻险，水之变幻，若是幸运，会遇见峨眉山上的猴子。猴子可以说是峨眉山的精灵，它们看见游客不会惊吓的四处逃窜，会做出一些可爱的动作逗游人开心，甚至与游人嬉戏玩耍。它们使峨眉山这座秀丽的山峰又多了些许的灵动之美。

峨眉山的“金顶祥光”在峨眉十景中居于首位。日出之时，站在峨眉山的最高峰远眺，迷蒙的地平线慢慢打开一道缝隙，缕缕红霞刹那间刺透昏黄的天空，天地间波澜壮阔的景象逐渐显现。伴随着红日的冉冉升起，苍茫的云海翻滚涌动，站在山顶，脚下的云雾如雪白的绒毯一直延伸天际，无边无涯。仰望天际，仿佛

猴子是峨眉山的精灵，游人可与之嬉戏玩耍。

峨眉山金顶。

如仙人一般漫步云端，一步千里。每当清风拂过，云海如潮水退去，一座座山峰显露，像极了云海中隐藏的小岛。

峨眉山因佛而盛，佛因光而兴。神秘的金顶佛光让游人切身感受到大自然的奥妙以及对峨眉山的厚爱。当人站在金顶，背对太阳，光从身后射来，伴随弥漫的水雾，这时候前方的云雾就会慢慢浮动，天幕间出现一个外红内紫的美丽光环，中间是人的身影，而且随着人们的移动，影子也跟着移动，这就是佛光，又被人们称为“峨眉宝光”。南宋著名诗人范成大有诗云：“重轮叠影印岩腹，非烟非雾非丹青。我与化中人共住，镜光觌面交相呈。”千百年来，正是这充满神秘色彩的佛光赋予了峨眉山独特的魅力。佛光平均每年只出现 70 余次，是十分难得一见的景象。或许佛光还不够表明佛对峨眉山的厚爱，在暗黑无月的金顶，常会出现漂浮点点的绿色光团，如繁星闪烁，古人赞曰：“万盏明灯朝普贤。”

站在峨眉山之上，极目远眺，苍茫的云雾仿佛一张洁白的绒毯，在一座座宛如小岛的山峰中若隐若现，神秘而悠远。悠扬的佛音从遥远的大殿中传来，回荡在四周连绵的山峦之中，闻之令人心神俱静。

十面普贤金像是峨眉山的标志之一，在灿烂阳光下折射出耀眼的光芒。

云南石林 石林博物馆

大自然的神奇总是无处不在，云南石林就是这样一处神奇之地。林立的石峰，有如同佝偻的老人，有神秘而美丽的阿诗玛石像，还有奇形怪状的城堡、蘑菇……造型多样，气势恢宏，无愧其“石林博物馆”的称号。

群峰耸立，千嶂叠翠，漫步在石林，一座又一座拔地而起的石峰绘就了一幅气势磅礴的原始画卷。大石林是石林景区最主要的景观集中地，莲花峰就在其中。在石林，莲花峰是最美、最高也最难攀登的山峰。自古以来，莲花都是“清水出芙蓉，天然去雕饰”般的孤静傲洁，耸立在剑锋池之畔的莲花峰也是一枝独秀，孤芳自赏。山峰的顶端有一块儿巨大的石头，就好像盛开的莲花，在峰顶上俯瞰，四周嶙峋的怪石、纵横交错的山峰一起组成了石

远远望过去酷似佝偻的老人。

旅游小贴士

地理位置： 云南省昆明市石林彝族自治县

最佳时节： 3～10月

开放时间： 07:30～18:30

旅游景点： 大石林、小石林、大叠水、月湖、奇风洞

特色风味： 油炸鸡枞、石林汤锅、石林乳饼、骨头参

水的浸润为这里增添了些许灵动之气。

林最为壮观的景色。在莲花峰下，剑锋池犹如一颗宝石被遗忘在群山之中。池水清澈碧幽，天光云影与四周密如剑丛的山峰倒映池中，营造了山水融合的绝妙胜境。穿梭在曲折的小径，景色变幻，目不暇接，栩栩如生的犀牛望月、形象生动的凤凰梳翅等，令人流连忘返。

与大石林并肩而立的小石林虽也有着形态万千的石峰，却自成格局，有着不一样的景色。这里地势较为平坦，草坪周围间或有石屏、石峰壁立一方。幽池与一组石峰形成著名的“幽池恋人”的景点。玉鸟池旁耸立着一座高高的石峰，远远望过去，好像一位背着背篓的撒尼少女，这就是美丽而又勇敢的阿诗玛。相传在很久以前，彝族一位贫苦人家的女孩儿阿诗玛与一个叫阿黑的青年相爱了，但是当地一个财主的儿子阿支却抢走了阿诗玛。勇敢的阿黑救走了阿诗玛，但在逃亡的路上遇到山洪暴发，卷走了阿诗玛。等洪水过去后，阿诗玛化作了一座山峰，直到现在，深情的阿诗玛伫立在那里，期盼着她情人的到来……

阿诗玛凄美动人的传说赋予了云南石林不一样的风情。

石林的风光，并不仅仅只有石头。岩石、溶洞、湖泊、瀑布……大自然所能孕育的一切都汇集在这里，构成了一幅壮观秀丽的美景，千奇百怪的造型赋予了这里别样的神韵。当然，一定不能少了多姿多彩的彝族风情。这里不仅有着内涵丰富的传说故事、绚丽多彩的民族服饰，还有充满异域风情的民族舞蹈和风格迥异的民风民俗，无论哪一处都体现了云南古老民族的独特韵味。每年的火把节，千万支火把像一颗颗闪烁的星照亮着石林的夜空，弦舞、斗牛、摔跤……居民们用各种方式庆祝着节日，观者如云，蔚为壮观。

富有民族特色的歌舞表演。

张家界 奇峰之林

再次来到张家界，那山依然如初见时峻秀多彩，那水仍清冽澄净，而那云、那雾也仍旧缭绕迷离。在这里大自然把鬼斧神工的技艺发挥得淋漓尽致，拔地而起的奇异山峰，呈现出千奇百怪的形状，层层叠叠，令人叹为观止。

张家界，因西汉留侯张良曾经在这里避难隐居，于是他的后代便在这里扎根生活，从而繁衍成为一个大宗族，故此得名。有人说：“张家界的山、九寨沟的水是游山玩水的最佳去处。”张家界群峰兀立，就好像拔地而起的擎天巨柱，郁郁葱葱，姿态

晨光之中的张家界景色异常美。

电影《阿凡达》中的哈利路亚山就是取自张家界的南天一柱。

万千。有的像西天取经的唐僧师徒，有的像上山采药的老人，还有的像手拿巨斧准备劈山救母的沉香……云雾缥缈，时隐时现，扑朔迷离。

黄石寨是张家界的精华所在，素有“不到黄石寨，枉到张家界”的说法。在黄石寨有张家界最大的悬空观景台，高1200米，而顶峰不过0.2平方千米。伫立摘星台，仰望星空，如此亲近，似乎可以伸手采摘天上的星星，脑海中不禁浮现“不敢高声语，恐惊天上人”的诗句。四周群峰林立，悬崖峭壁，900多座山峰绵延起伏，尽显地势险要。在山岚叠翠，奇峰峻岭之间隐藏着定海神针、南天一柱等众多的奇妙景观。

金鞭溪名字的由来与“张家界十大绝景”中的“神鹰护鞭”的金鞭岩有着很大的关系，它是张家界最长，也是最富有山区特色的溪水。金鞭溪在奇峰绝壁间穿行，流水潺潺，小鱼畅游，两岸景色秀丽，鸟语花香，满目青翠，被称为“山水画廊”“人间仙境”。有诗赞曰：“清清流水青青山，山如画屏人如仙，仙人若在画中走，一步一望一重天。”

天子山是武陵源四大景区之一，明初时土家族的领袖向大坤自称“向王天子”，天子山之名便由此而来。天子山群峦汇聚，高低悬殊，海拔最高的昆仑峰1262.5米，最低的狮兰峪534米，

天子山的山峰挺拔如柱，取自明朝时土家族领袖“向王天子”的名号，是武陵源的著名景观之一。

膝胧云雾为张家界蒙上了一层面纱。

形如盆地，内部景色秀丽，素有“扩大的盆景，缩小的仙境”的美誉。被缭绕的云雾所包围的奇峰怪石是天子山最为奇特之处，山峰有着万千的姿态，有时候像塔，有时候又像柱。壁立千仞的神堂湾，寒气逼人，深不可测，人迹罕至的深谷为天子山更添一份神秘。

在天子山，云雾是最常见的景观，它们增添了天子山的神秘感。群峰在缥缈的云雾中若隐若现，就好像仙境一般。若是在晴日的早晨，云蒸霞蔚，一轮红日从天际深处喷薄而出，刹那间红光普照，洁白的云海披上一层红霞，十分迷人。

来到张家界，黄龙洞是不可不去的地方。黄龙洞位于武陵源核心景区，独特的喀斯特岩溶地貌孕育了绚丽的绝世奇观。黄龙洞是湖南省颇具代表性的旅游景区，也是湖南省的著名商标，同时也是我国 35 个王牌景点之一。洞内洞洞交错，暗河涌生，再加上数不胜数的石笋和气势壮观的瀑布，奇特而又美丽，如同地下“魔宫”。

晨曦升起，透过层层云雾，张家界掀开了神秘的面纱，苍翠浓密的森林与秀丽的山峰相互交错，使张家界的山带着清新灵动的韵味，游走其间，身与心都仿佛得到了洗礼，纵是千遍游览，也不会心生厌倦。

旅游小贴士

地理位置： 湖南省张家界市

最佳时节： 春、秋季

开放时间： 07：00 ~ 18：00

旅游景点： 杨家界、八大公山、袁家界、黄石寨、金鞭溪、鹞子寨、九天洞、黄龙洞、龙王洞、普光禅寺

特色风味： 石耳炖鸡鸭、泥鳅钻豆腐、酸酢鱼、土家三下锅、夫妻萝卜

长白山 逶迤之山

长白山秀美的风光堪与五岳齐名，白色的浮石和积雪塑造了此地澄净而又神秘的景色。这座位于我国吉林省东南部的山峰，是长白山山脉的主峰，同时也是一座著名的巨型复式休眠火山，经过亿万年的运动演变形成天池、温泉、峡谷、瀑布、火山熔岩林、地下森林等许多奇妙的景观，素有“千年积雪万年松，直上人间第一峰”的美誉。有“高山之镜”称呼的天池更是声名远播。

长白山天池是长白山的标志和象征，位于海拔 2194 米的白头山山顶，是我国最高最大的火山湖泊。火山喷发后积水为湖，湖水澄澈，呈碧翠色，犹如一颗绿宝石镶嵌在洁白的群峰之中。天空中云雾缥缈，冰雪覆盖的山脉绵延起伏，天池碧水，一如平镜，天光云影，“处处高山镜天里”。相传，天池是由太白金星的宝镜变化而成，西王母的两个女儿想要知道谁更漂亮，就向太白金星借用宝镜照一照比比，谁知当姐姐照宝镜的时候，宝镜却说“还是妹妹更漂亮一些”，恼羞成怒的姐姐一气之下就把宝镜扔下天庭，宝镜落入凡间变成了天池。

在天池，一年里天空放晴的日子屈指可数，大多数的时间里都是厚重的云雾笼罩，偶尔还会有冰雹骤降，狂风呼啸，或许是大自然并不想游人轻易地一览天池的真容。若是幸运地赶上晴朗的时候，温润的阳光铺洒，悠悠的朵朵白云，巍巍的皑皑雪峰，清风拂过，都倒映在洁净的池水中，峦影波光，宛如一位静坐出神的美丽少女。天池是鸭绿江、松花江、图们江三江的源头，奔腾不息的江水孕育了东北三省肥沃的土地。

长约 60 千米的长白山大峡谷蜿蜒绵长，峰谷险峻嶙峋，茂密的森林，神态各异的山峰岩石，为巍峨的大雪山增添了一抹神秘色彩。火山爆发后形成的大峡谷在经过了千万年风雨的侵蚀后，形成绚丽多彩的美景，这些壮丽雄浑的景色是如此的令人惊奇。有酷似骆驼的骆驼双峰、有好似情人依恋缠绵的仙人相约图，还有那犬牙交错的奇特石林，鬼斧神工，让人目不暇接。

位于天池北侧、乘槎河尽头的瀑布是由岩石断裂而形成的，高达 68 米。汹涌奔流的河水冲向谷底，势如万马奔腾，有人用“银河落下千堆雪，瀑布飞流万缕烟”来形容此景观。

素有“神水”之称的长白山温泉也是一大妙景，使长白山更具与众不同的魅力。

因岩石断裂而形成的长白山瀑布，高达 68 米。

旅游小贴士

地理位置： 吉林省东南部

最佳时节： 7 ~ 9 月

开放时间： 1 月 1 日至 4 月 30 日，10 月 16 日至 12 月 31 日 08：30 ~ 15：30，5 月 1 日至 7 月 15 日 07：30 ~ 16：30，7 月 16 日至 8 月 15 日 06：30 ~ 17：00，8 月 16 日至 10 月 15 日 07：30 ~ 16：00

旅游景点： 天池、瀑布、温泉、小天池、黑风口、天文峰、原始森林

特色风味： 山野菜、大拉皮、打糕、米肠、明太鱼、杀猪菜

玉龙雪山 白色飞龙

云霞之下的玉龙雪山景区如同一幅展开的画卷。

在纳西族人的心中，玉龙雪山就是一座神秘的雪域守护神，晶莹皎洁的群峰在霞光的晕染下如笼上一袭红纱，耀眼夺目。四时的变换使玉龙也随时变化出不同的景色，白的雪，绿的松，在雨雪新晴之后尤为赏心悦目。

玉龙雪山巍峨壮丽，玲珑秀美，终年云雾缭绕，绮丽多姿。清晨，当霞光穿越云雾，洁白的山峰被镶上一道金边，犹如一棵散发金色光芒的玉笋，辉映四方；傍晚，艳红的晚霞似不舍的恋人与山峰依依惜别。

玉龙雪山不仅险峻、奇特，而且磅礴中透着秀美，不管是登山探险，还是休闲旅游，玉龙雪山都是一处绝佳的选择。“阳春白雪”是玉龙雪山最美的景观之一。其主峰扇子陡就好像一把展开的雪白折扇，傲然耸立，集亚热带、温带及寒带的各种自然景观于一身，绿茵茵的青松，白皑皑的冰雪，移步换景，反差格外地强烈，这就是著名的“阳春白雪”。

蓝月谷，因湖水位于月牙形的山谷中，晴天时分湖水澄澈湛蓝，远远望过去就好像天上的月亮坠落在了这里，且湖水是澄澈的蓝色，故而得名蓝月谷。每当万物复苏，春季来临，玉龙雪山上厚厚的冰雪开始融化，涓涓溪流叮咚作响，滑下山体，汇集在山谷中静静流淌。蔚蓝的湖水中倒映着青翠的山峰，白云悠悠，如梦如幻，疑似仙境。

冰塔林是一种十分罕见的奇特的景观，是冰川末端消融之后残留的塔状冰体，所以称为冰塔。一座座矗立的冰塔就像直刺云霄的刀戟，经过阳光的照射显现出晶莹的绿光，犹如镶嵌在怪石之中的碧玉翡翠。

甘海子是观赏玉龙雪山的极佳之地。每年的春暖花开之际，各种花草树木竞相生长、开放。住在附近的牧民们带上毡篷，一边骑着骏马，一边在连绵的群山中放牧，嘹亮的歌声在雪山碧水间回荡，余音久久不绝。

静谧而又神秘的玉龙雪山不仅是纳西族人心中的圣地，也是无数游人心中所向往的净土，如梦似幻的仙境使身处其中的游人忘却了烦恼忧愁，内心一片安宁。

旅游小贴士

地理位置：云南省丽江市玉龙纳西族自治县

最佳时节：2～6月

开放时间：09:30～16:00

旅游景点：东巴谷、玉水寨、甘海子、白水河、云杉坪、牦牛坪

特色风味：三叠水、八大碗、至高部、腊排骨

游人在大雪覆盖的玉龙雪山山顶嬉戏打闹。

天山 雪域奇山

此时的天山纯洁得不染一丝尘埃，远处零星地点缀着几座民居。

“天山雪云常不开，千峰万岭雪崔嵬。”博格达峰、托木尔峰……一座座巍然屹立的雪峰在缭绕的云雾中若隐若现，苍茫而又高远。湛蓝清澈的天池湖水，如同一颗明珠静静地躺在天山的怀抱中。湖边的萋萋芳草和着松林飘来的阵阵清香与远处的牛、羊、马一起组成了一处人间天堂。

天山第一峰托木尔峰海拔 7443.8 米，就好像高耸入云的擎天巨柱。从远处眺望，白雪覆盖的山峰十分壮观，缭绕的云雾使它像一位遮了一层朦胧面纱的害羞姑娘，又像一位披着银白盔甲的战士，昂首挺立在天地之间。

在汗腾格里峰的800余条冰川中，汗腾格里冰川最为壮观、恢宏，在这里你还可以看到很多奇妙的冰川景象，如冰塔、冰蘑菇和冰锥等。

博格达峰位于天山东面，海拔5445米，远远望过去，直插云霄的巍峨气势令人叹为观止。这里有郁郁葱葱的原始森林、风景如画的高山草甸、气势磅礴的现代冰川……在岩壁陡峭、冰雪封盖的山崖间，洁白的天山雪莲傲然绽放，仿佛天山精华凝结的圣花，坚韧、纯洁，给人们带来希望。

天池是天山上的一处天然美景，位于博格达峰的山腰，素来以“天山明珠”著称。在古时候，天池被称为是“瑶池”，相传西王母曾经在这里宴请过周穆王。在天池边有一株巨大的榆树，相传是王母降服水怪的碧玉簪幻化而成，千万年来宛如“定海神针”一样镇守此地。

远处白雪皑皑，山脉绵延，山脚下草木葱茏，野花遍地，景色错落有致，如诗如画。在天池入口处，有一座被称为“石门一线”的石门，这里的石头呈暗红褐色，好像浇铸的铜铁，石门的两边还有斑驳的石头，中间有一线可以通过，故而这里又被称为“石峡”。在天池的西部，有西小天池，传说是王母的梳妆镜。这里的湖水是由天池的水浸透而形成的，池水澄澈明净，平静的水面就好像皎洁的明月，池上还有别致的小亭，在四周云杉和瀑布的环绕中，尽显优美。

天山不只有绚丽的风景，还有纯真可爱的牧民，他们热情而又淳朴。古老而久远的传说，为天山笼上了一层神秘的薄纱，更激起了人们对此间的向往。

旅游小贴士

地理位置：新疆西北部

最佳时节：6～8月

开放时间：全天开放

旅游景点：博格达峰、天池、东西小天池、柴窝堡湖、照壁山、白杨沟

特色风味：馕、大盘鸡、抓饭、烤肉、丸子汤、拌面

身着民族服饰载歌载舞的少女。

“天山明珠”——天池。

天柱山 文豪心愿之地

诗仙李白曾写下“吾还丹成，投迹归此地”的愿望；一代文豪苏东坡曾发出“平生爱舒州风土，欲卜居为终老之计”的感叹；政治家王安石也曾感慨“看君别后行藏意，回顾潜楼只自羞”。天柱山以其博大精深的独特魅力吸引了文人大师的热爱，遍布的奇石、怪松、深潭……连缀成一幅壮丽的江山画，如同奏响的华美乐章。

天柱山又叫潜山，位于安徽省安庆市潜山县的西部，以 1488.4 米的海拔成为我国的名山之一。在古时候，天柱山又被称为“南岳”，在五岳中排在第二位，在 5000 多年前就有了五岳之封。在公元前 106 年，汉武帝来到天柱山，在这里筑坛祭祀祈求上天保佑，后来司马迁的《史记》中记载了这次封山拜祭：“登礼潜之天柱山，号曰南岳”。公元 589 年隋文帝在攻下南疆之后就把衡山改为了南岳，自此之后，“古南岳”便成了天柱山的名号，流传至今，并在后来长达 700 年间的时间中镇守着江山的南大门。

天柱峰是天柱山的主峰，高耸挺拔的山峰就像是一把直插云霄的宝剑，又好像气势巍峨的擎天柱，被誉为“孤立擎霄”“中天一柱”。雄伟的天柱峰，傲然挺立在天地之间，正如“天柱一峰擎日月，洞门千仞锁云雷”。游天柱，必看日出云海。每当日出，霞光首先射照天柱峰顶，但见异石嶙峋，云浪滚滚。刹那间喷薄而出的万道霞光化滔滔白浪为绚丽红波，在重重云雾中冲出一轮五彩的日轮，光彩夺目，十分好看。当有人站在山顶，前有漫漫云海，后有彤彤红日，一道七彩光环层层相套，耀眼的阳光照射在游人身上，在七彩光环的环绕之下，宛如腾云驾雾的仙人施展无边法力，奇妙无比。

天柱峰好像一把要刺穿天空的利剑，素来享有“中天一柱”的美誉。

在天柱峰向南不远处，有天柱山的另外一座山峰——天池峰。在天池峰的顶端有一个方池和一个圆池，这里的池水深不盈尺，既不会溢出也不会干涸，于是就被称为“天池”。天池峰顶有一块巨大的石头，其西南的地方有一些裂开，宽大约有一米，好像经过了刀削斧砍。前人架两条石条为桥，横渡天堑，桥下万丈深壑，令人目眩，人称渡仙桥或是试心桥，取意于“非仙莫能过”“非无隐私者莫能过”。曾有诗戏曰：“莫谓心难试，请君渡此桥。但能鉴白水，即可对青霄。”游人每来到这里，胆子大的敢站在悬崖边向远处眺望，而胆小的则只能趴伏在悬崖边俯瞰。站在桥头向下看，脚下有缭绕的烟云，时时还会冒出森森的寒气，令人有登临仙境的感觉。当天气晴朗的时候，伴着阵阵松声，绚丽的

天柱山独特的发育形式孕育了不对称的岩体，在风吹雨淋的侵蚀下形成块状岩石山体。

天柱山多奇石，在千百年的风化、侵蚀后形成形状怪异的石头，成为独特的风景。

旅游小贴士

地理位置：安徽省安庆市潜山县

最佳时节：春、夏、秋季

开放时间：07：00 ~ 17：30

旅游景点：南关寨、飞来峰、神秘谷、渡仙桥、拜岳台、万景台、青龙潭

特色风味：鸭蛋糕、糯米欢喜团、芝麻面糍粑、锅粑汤、石耳、天柱山野味

云霞升起来，形成美妙的景观，偶尔还会有“佛光”出现，此时的天柱山是一年中风景最好的时候。

蜿蜒绵长的石道引领着游人攀岩登峰，沿途的美景带来愉悦的心情，抚慰疲惫的身躯。在天柱山，巍峨耸立的天柱峰有数十处的名崖，每一处都有与众不同的风景，彰显着大自然的神奇与魅力。龙吟虎啸崖气势尤其磅礴，崖边有千奇百怪的山石，阵阵清风吹过，挺拔的松柏便如同巨龙长吟，山谷间回荡着咆哮的虎声，还有深不见底的千丈崖，陡峭的崖边甚至都没有飞鸟敢在上面栖息。

天柱山另一个奇特的地方就是各具形态的石头了。因为大自然的演变和风化作用，天柱山的岩石不断地被侵蚀并崩塌，从而形成现在千奇百怪的石头，如好像腾云驾雾的麒麟石、仿佛要飞奔而去的飞雁石等。

有山有水才是好风光。耸立的天柱山孕育了众多的水涧，飞来涧、东关涧、青龙涧……水涧溪流涓涓，泉水打击着石头叮咚作响，每每雨后，山间溪流便会陡涨，咆哮着向前，奔腾不息，宛若轰隆的雷声，响彻山谷。飞天瀑布，水流自断崖飘然而下，碎雨飞花，玉珠抛洒，隆隆水声，震山荡谷，成为天柱山的奇绝景色。

但凡到过天柱山的人都会为其独特的自然环境和人文气息所着迷，它悄无声息地渗透进人们的生活之中，它潜在的精神力量激发人们去探索、追求它的神秘。

站在宽不足一米的石道上举目远眺，天柱山的美景尽收眼底。

冠豸山 生命神山

人们常形容山有阳刚之美，水有阴柔之姿，而在冠豸山这种贴切的形容被展现得淋漓尽致，有着“阳刚天下第一，阴柔举世无双”的无上赞誉。冠豸山位于福建省龙岩市，因山脉的主峰形似古代御史的獬豸冠而得名冠豸山。奇特的丹霞地貌孕育了冠豸山秀丽的山水景色，使其集雄奇、秀丽和神秘于一身，和著名的武夷山并称为“北夷南豸，丹霞双绝”。

之所以说冠豸山有着独一无二的阳刚之气和阴柔之美，主要体现在“生命之根”和“生命之门”，二者阴阳相合，堪称冠豸山的阴阳双绝，实为无上美景。

“生命之根”是冠豸山的标志和象征之一，石柱挺拔在长寿亭附近的山谷中。石柱周围地势平缓，拔地而起的石柱犹如擎天玉柱傲然耸立在天地间，尽显十足的霸气和旺盛的生命力，在历

立于山顶的亭台不仅是景色，也是游人欣赏山景的好去处。

旅游小贴士

地理位置：福建省龙岩市

最佳时节：3～8月

开放时间：（11月至次年4月）

08：30～17：00（5～10月）

08：00～17：30；

旅游景点：生命之根、生命之门、石门湖、九龙湖、竹安寨

特色风味：四堡漾豆腐、涮九品、连城地瓜干

经千年的风雨后依然保持着勇往无前的气概。相比起“生命之根”的阳刚，立于旖旎水畔的“生命之门”则极尽阴柔之美，二者天造地设，在大自然的鬼斧神工之下闪烁着生命之光。

有人说冠豸山是一座有文化的生命之山，不仅是它拥有“生命之根”“生命之门”这样的奇景，还有着寺庙和名人遗迹等人文景观。和其他的名山相比，冠豸山以拥有众多的书院而不同，这也是冠豸山能够成为文化之山的缘由所在。冠豸山的书院文化历史悠久，在南宋时期随着福建、江西等地逐渐发展，当地的大量的学子为了能够获取功名，开始结庐读书，学院逐渐兴起，大量的文人雅士开始在学院讲学立著，使冠豸山成为当地著名的文化名山，积淀着深厚的文化底蕴。

“仁者乐山，智者乐水”，山给予水以安稳，水赋予山以灵动，在充满生命和文化气息的冠豸山怎么能没有水韵的滋润。石门湖和九龙湖就静卧在冠豸山连绵的山谷间，湖水碧澈荡漾，好像两颗碧绿的翡翠镶嵌在奇峰幽谷中。石门湖位于冠豸山东南，湖水蜿蜒于峡谷之中，波光潋滟，风景如画。九龙湖是冠豸山中一颗耀眼的明珠，这里的鳄鱼峰、九龙献瑞、八仙岩等奇色异景让人流连。湖水两岸山峰叠翠，蜿蜒的秀水好像一条游龙穿梭在冠豸山曲折的山谷中，弯弯曲曲的支流让身处其中的游人好似进入迷宫一般。山是阳刚的，水是阴柔的，在冠豸山，只要拥有丰富的想象，所有的山水都是富有生命的。那天地生成的景色在经过千年文化气息的浸润之后充满着灵性，仿佛一块被收藏、把玩很久的玉石，光彩照人。

生命之根。

石门湖畔的“生命之门”。

华山 奇险天下第一峰

华山自古便以陡峭险峻的山势闻名遐迩，素有“华山天下险”之谓。光滑如刀劈斧砍般的山峰，令人胆战心惊的悬空索道，以及仅容两人通过的千尺幢……这些大自然塑造的神奇景观无不在诉说着华山的惊险。华山的险峻之中也蕴含着挺秀之美，《尔雅·释地》云：“西南之美者，有华山之金石云。”

华山在陕西省的华阴市，五座山峰相互簇拥，好像盛开的花瓣，于是就有了华山的名字。东峰、西峰、南峰是华山的三大主峰，三座山峰如鼎足般相互依偎，中峰和北峰稍逊风骚，周围众小峰如众星拱月般环卫着五峰。

相传宋太祖赵匡胤曾在下棋亭与道士陈抟打赌下棋，输掉了华山，故而便有了“自古华山不纳粮，皇帝老子管不住”的说法。

东峰海拔高耸，视野开阔，因山顶有朝阳台可以观看日出，又称“朝阳峰”，是观看日出的绝佳地方。东峰主要由四座山峰组成，其中朝阳峰是主峰，而位于西面的玉女峰、东面的石楼峰和南面的博台峰因为景色不同而各有千秋。除此之外，东峰还有清虚洞、甘露池、下棋亭等众多的景观。下棋亭位于东峰东侧一座孤立的小山峰上。相传宋太祖在和陈抟老祖在这里下棋的时候，前两盘输光了身上的所有钱财，等到最后一局的时候，连华山也输掉了，于是就有了后来的“自古华山不纳粮，皇帝老子管不住”的说法。在东峰还有一奇景，那就是被誉为“关中八景第一景”的“华岳仙掌”。经过亿万年风雨的侵蚀，东峰的面石壁上出现了宽大的石纹，这个石纹有着分明且形象生动的五指，远远望过去，如同巨人宽大的手掌。在阳光的直射下，如同被镀上了一层金光，异常的华丽壮美，令人叹为观止。

东峰是观看日出的绝佳景点，故而又称为“朝阳峰”。

西峰顶端有一块巨石，形状十分像莲花的花瓣，于是西峰就又被叫作莲花峰或芙蓉峰。徐霞客在《游太华山日记》中记述：“峰上石耸起，有石片覆其上，如荷花。”西峰高 2082 米，远远望去好像一块完整的巨大石块，边缘光滑。因为险峻雄伟的气势和高耸挺拔的身姿，西峰成为华山山形的代表，于是古人便把华山改名为莲花山。在华山的众多山峰中，西峰的景色可谓雄伟中透着秀丽。站在顶端，放眼望去，四周视野开阔，绮丽云霞为这里披上了一层绚丽的外衣，宋代隐士陈抟在他的《西峰》诗中写道：“寄言嘉遁客，此处是仙乡。”

夕阳西下，落日余晖中，险峻的西峰绝壁异常壮美。

相传沉香曾在这里劈山救母，峰顶上矗立的“斧劈石”向这里每一位过往的游客诉说沉香劈山救母的感人事迹。翠云宫、舍身崖、莲花洞……众多的景观无不在向游人展示华山的魅力。崖壁上还有许多名家题刻，工草隶篆兼有，在经历了千年的风霜之后，依然清晰可见，无声地传达着古人对华山的赞美之情。

华山南峰以高海拔闻名，是五岳中最高的山峰。

在华山的众多山峰中，2154.9 米的海拔高度使南峰成为这里最高的山峰，同时也是五岳中海拔最高的山峰，古人将其尊为“华山元首”。松桧峰和落雁峰是南峰上著名的二顶，南峰直立如削的峭壁，登高望远，连绵不断的山峰、曲折蜿蜒的河流、广袤的平原尽收眼底，有着令人心潮澎湃的气势。宋代名相寇准曾写下脍炙人口的名篇：“只有天在上，更无山与齐。举头红日近，俯首白云低。”南峰的景色和其他的山峰相比丝毫不逊色，落雁峰上的天池、迎客松、黑龙潭等和松桧峰上的白帝祠、长空栈道、八卦祠、鹰翅石、全真岩、杨公亭等，每一处都是如此的与众不同，令人着迷。

置身华山之巅观看云海翻腾，心胸豁然开朗。

华山之险在于陡峭，被称为“华山第一险”的长空栈道就位于华山最为险要的地方。这条栈道是由华山派的开山祖师贺志真修筑的。贺志真最初是一位修仙练道的人，华山的险峻陡峭使这里成为鲜有人家的地方，正适合修炼，于是贺志真就在这里修建了朝元洞，成为华山派的宗师，并修建了后来的长空栈道。长空栈道的上下都是悬崖绝壁，上面横挂着铁索，下面固定着石柱，木板铺就的道路宽不盈尺。游人走在上面，各个面朝绝壁，屏气凝神，胆战心惊，一步一步地往前挪。从古至今，来此探险的人从来没有间断过，胆大勇猛者行走在栈道上有心旷神怡之感，而胆小怯弱者则是胆寒心惊两股战战。

夕阳下的华山，无限壮美，它用震撼人心的险峻和绝美唤醒人们坚持不懈的毅力。

旅游小贴士

地理位置：陕西省华阴市

最佳时节：4～10 月

开放时间：西山门：全天开放；东山门：旺季 07：00～19：00，淡季 09：00～17：00

旅游景点：玉泉院、五里关、莎萝坪、毛女洞、青柯坪、回心石、千尺幢、百尺峡、老君犁沟、北峰、擦耳崖、苍龙岭、中峰

特色风味：凉粉、大刀面、踅面、黄河鲇鱼

庐山 险秀名山

“横看成岭侧成峰，远近高低各不同。不识庐山真面目，只缘身在此山中。”

苏轼的一首《题西林壁》让我们领略了庐山变幻无穷的景色和宏伟峻秀的卓越气势。层峦叠翠的山峰高耸入云，古朴小巧的别墅在其中若隐若现，直流而下的瀑布激起千层飞浪，蔚为壮观。

滚滚云雾如同从天而降的白色细纱，十分壮美。

旅游小贴士

地理位置：江西省庐山市

最佳时节：夏季

开放时间：全天开放

旅游景点：三叠泉、五老峰、锦绣谷、美庐、含鄱口、花径、庐山风景名胜区、仙人洞

特色风味：如意三石、九江茶饼、脆皮石鱼卷、三杯石鸡

庐山位于江西省庐山市，长约 25 千米，宽约 10 千米，百余座连绵不断的山峰高耸在长江和鄱阳湖之间，巍巍雄峻的山峰令人不得不感叹大自然的鬼斧神工，直欲一睹享有“匡庐奇秀甲天下”的庐山的真面目。

若说庐山之美，那定数庐山的瀑布。“日照香炉生紫烟，遥看瀑布挂前川。飞流直下三千尺，疑似银河落九天。”李白的《望庐山瀑布》让人对此美景向往不已。

在庐山最不可错过的景观便是庐山瀑布，还未走近，那轰隆的瀑布声就传入耳中。三叠泉瀑的壮丽、石门涧瀑布的雄浑、黄龙潭瀑布的奇特等，其中最为壮观的瀑布莫过于号称“庐山第一奇观”的三叠泉瀑布，自古就有“未到三叠泉，不算庐山客”的说法。

“五老峰北嵯峨天巅，龙泉三迭来自天”，三叠泉的水是从大月山流出来的，然后经过五老峰，最后从北崖口倾泻而下，经历了三级石盘，三叠泉之名便由此而来。三级叠泉各不相同，“上级如飘云拖练，中级如碎石摧冰，下级如玉龙走潭”。站在山下仰望瀑布，从高高的悬崖上直泻而下的水流撞击着岩石，那些碎裂溅起的水珠就好像是闪闪发光的珍珠，在阳光的照射下异常晶莹剔透。溅起的水珠浸湿了人们的衣服，可即使是这样，人们依旧兴奋不已，震天动地的瀑布声使面对面的人都听不清楚对方说的话。三叠泉虽发现于宋光宗绍熙二年（公元 1191 年），时间较晚，但古人对三叠泉的描述却数不胜数，无数的文人墨客来到这里观看壮观的瀑布，并在此留下了许多的诗篇来赞美三叠泉瀑布。有“九叠峰头一道泉，分明来去与云连”“激石成三叠，驱云到四溟”“无人知此胜，来往水精灵”……要不是发现得晚，说不定诗仙李白也留下来一首千古名篇。

庐山索道在雾霭中蜿蜒，意境悠远。

秋季的庐山落叶翻飞，有一种静谧之美。

冬季的庐山银装素裹，密布的林木被白雪覆盖映照在平滑如镜的水面，清雅素净。

古人云：“庐山之美在山南，山南之美在秀峰。”所谓的庐山秀峰，主要是包括香炉、鹤鸣、双剑、文殊等山峰，李白的《望庐山瀑布》就是描写这里的瀑布景观。香炉峰紫烟缭绕、双剑峰峻拔倚天、文殊峰孤拔耸立、鹤鸣峰一飞冲天、狮子峰雄阔咆哮、龟背峰龟驾行云、姊妹峰娟娟秀美，庐山的雄伟、奇险、峻秀都汇集在了这里，尽显独特的魅力。

来到庐山，除了欣赏气势磅礴的庐山瀑布和巍峨的高大山峰，还有一个地方不得不去，那就是白鹿洞书院。位于五老峰东南面的白鹿洞书院是我国的四大书院之一，相传最开始建造它的人是南唐的李渤。历史上，白鹿洞书院名声甚高，众多的名家大儒曾在此讲学传道，成为著名的儒家胜地。由于战火，书院多次遭到毁坏，后来进行了修缮和扩建。建筑气势宏大，黑柱红顶，灰瓦白墙，巍峨壮观，浸透着浓厚的历史韵味。

深山藏名寺。这里庙宇众多，其中位于庐山西北有一座名为东林寺的寺庙，在唐朝时发展到鼎盛，有寺庙宫殿百余间，僧众上千人，佛经论著数万卷，是东南地区重要的佛教圣地。后来，明清时期由于战乱，寺庙建筑大多被毁坏，如今保存的多是清末遗物。

文人雅士对于庐山的赞叹向往，从古至今就不曾间断过。千百年来，在历史的长河中，庐山的山水已经浸透了深深的文化韵味，重檐峭壁，灰瓦白墙，每一处都是庐山的精髓所在。如此钟灵毓秀之地，怎能不令人神往？

远处林木在缭绕的云雾中若隐若现，异常秀丽。

五台山 佛教圣地

五台山是山西最高的山峰，故而又有“山西屋脊”之称，是我国佛教四大名山之首。东汉时期，远道而来的西域高僧见五台山俊秀伟岸，气势非凡，耸立的五座山峰如同佛祖释迦牟尼的灵鹫山，于是便在此建立寺庙。经过数百年的发展，至隋唐进入鼎盛时期，成为寺庙林立、僧侣若云的佛教圣地。

登高俯瞰，五座峰台就好像盛开的莲花，登上东台海拔2795米的望海峰，极目远眺，云蒸霞蔚，颇有身处仙境的感觉。西台的挂月峰，海拔2773米，奇特的景色中蕴含着险峻，而南台的锦绣峰，海拔3061米，高耸挺立，直插云霄，是五台山众

蓝天、白云及远处连绵的山峰共同组成了五台山秀丽的风景。

旅游小贴士

地理位置： 山西省忻州市五台县

最佳时节： 夏季

开放时间： 06：30～20：00

旅游景点： 菩萨顶、显通寺、塔院寺、殊像寺、五台山万佛阁、黛螺顶

特色风味： 肉片烩香蘑、清炒台蘑、定襄蒸肉、五寨猪黑肉炖粉

多山峰中最高的，享有“华北屋脊”的美称。中台的翠岩峰因为“巅峦雄旷，翠霭浮空”而得名，海拔 2894 米。傲然挺立的五台，雄伟与峻秀并存，显示了五台山的非凡气势。

作为佛门圣地，寺庙建筑是必不可少的，现存较为完整的 90 多处寺院散布在五座峰台之间。其中，显通寺是五台山历史最为悠久的寺庙，同时也是规模最为庞大的寺庙，位于五台山的中心。显通寺原名大孚灵鹫寺，始建于汉明帝永平年间，经过漫长的历史直到康熙年间才改名为大显通寺。这里有雄伟的大雄宝殿、金碧辉煌的铜殿等众多建筑。其中大雄宝殿是五台山举办宗教活动的重要场所，大文殊殿主要供奉的是文殊菩萨的佛像，仿木结构的无量殿外面的檐柱上雕刻有花卉，里面则有精致的藻井，像极了一座宝顶上盖着花盖，殿内供奉的就是无量佛的佛像。显通寺诸殿之中，外观上最引人注目的当属铜殿。铜殿建于明万历三十七年（1609 年），方形，重檐，用铜 10 万斤铸成，外壁皆饰以金箔，四周隔扇及窗棂均有花鸟图案装饰。殿内四壁铸满了小佛，约有万尊，中央台上端坐一尊大佛，故称“万佛如来”。整个大殿金光闪闪，灼灼照人。

漫步在五台山绵延的山路上，袅袅香烟伴随着清凉的山风送来缥缈难辨的梵音静语，向来浮躁不定的心情，有那么一二刻，竟是前所未有的平静。

五台山显通寺内的无量殿。

衡山 中华寿岳

衡山位于湖南省衡阳市，是我国著名的五岳之一，这里人文荟萃、风光秀美，有着“中华寿岳”的美称。衡山七十二峰高耸入云，巍峨挺拔的气势中还带有一丝秀美的神韵，正如魏源《衡山吟》中所赞：“恒山如行，岱山如坐，华山如立，嵩山如卧，唯有南岳独如飞。”

关于南岳衡山名字的由来，从古至今有不同的说法，其中广为流传的是颇具传奇色彩的三种说法。一种说法是盘古在开天辟地之后，他的左臂变化成了衡山；另外一种说法是相传炎帝神农氏在追赶神鸟的过程中，用神鞭打落了神鸟，于是这只神鸟便成为南岳，现在衡山的山徽“朱鸟”便是由此而来；还有一种说法是衡山与天上二十八星宿中的轸星之翼相对应，可以以此来衡量天地的重量，所以叫衡山。这些传奇说法更为衡山增添了神秘色彩，令人神往。

衡山南天门外的《衡山赋》石刻，是衡山一道靓丽的风景线。

旅游小贴士

地理位置：湖南省衡阳市

最佳时节：春末夏初

开放时间：旺季（4～10月）08：00～18：00，淡季（11月至次年3月）08：30～17：30

旅游景点：方广寺、会仙桥、水帘洞、祝融峰

特色风味：鱼头豆腐、荷叶包饭

衡山最高峰——祝融峰，号称“接天”。

衡山号称“五岳独秀”，其中“秀”是衡山最主要的特点。山上终年翠绿，绿竹漪漪，花香四溢，泉水叮咚，确实是“五里不同景，十里两重天”。“衡山四绝”包括“藏经殿之秀、方广寺之深、祝融峰之高、水帘洞之奇”，是衡山秀丽风景中最具代表性的美景。

衡山高耸入云的72座山，峰峰巍峨挺拔，险峻秀丽，形成旖旎多姿的风光，瑰丽无比的气象。衡山四季风景皆有不同，若是春天来到这里，那最好的景色就是一望无际的花海，而夏天最好的景色就是翻腾不息的云海，还有秋天那绚丽的霞光和冬天白茫茫一片的雪景。身处其中，拂面而来的清冽山风送来阵阵花香，清香扑鼻，耳边响起的阵阵松涛，如优美的旋律，瞬间满身的疲惫一扫而空，通体舒畅，心旷神怡。

邺侯书院。

衡山作为五岳之一闻名于天下，不仅因为它是风景名山，更是因为它源远流长的历史文化。衡山是中华文明的重要发源地之一，被称为“文明奥区”；衡山也是我国著名的佛教、道教圣地，山上有寺、庙、庵、观共200多处；衡山还有独特的福寿文化，据《星经》记载：衡山对应星宿二十八宿之轸星，轸星主管人间苍生的寿命，故称衡山为“寿岳”。直到今天，我们还常用“福如东海，寿比南山”之句为老人祝寿；衡山的书院文化也是颇值一提的，其南岳书院（今邺侯书院）是我国历史上最早的书院，其书院数量之多位居全国之冠。所有这些，令衡山在众山之中脱颖而出，熠熠闪光。

衡山南岳大庙，我国南方最大的宫殿式建筑群。

在衡山，巍峨雄伟的南岳大庙是规模最大的宫殿式建筑群，同时它也是我国南方最大的宫殿式建筑群。走进南岳大庙，你可以看到朴实无华的民间寺庙，也可以看到金碧辉煌的皇宫殿宇，还可以看到道观和充满了儒家韵味的建筑，这在全国是非常少见的。

以“文明奥区”闻名天下的衡山，外秀于林，内秀于文，如一颗明珠在中华大地上闪烁着耀眼的光芒。

普陀山 南海圣境

在阳光明媚之中走进普陀山，闭眼聆听袅袅佛音和声声海浪，仿佛置身一片仙灵温暖之地，在浙江这个繁华之地，普陀山自有一股宁静古朴的气息。

普陀山位于浙江省舟山岛一侧，与之相对的是有名的沈家门，这里四周环绕着大海，白浪细沙，海鸟翔集。青峰翠峦间的古刹精舍为这旖旎之景增添了些许古朴静谧，山与水的结合使这座海山充分显示了大自然的美丽。

普陀山的佛教历史源远流长，自唐朝起便有观音菩萨在这里教化众生的传说。唐朝大中年间，相传有一位梵僧在这里的观音洞中看到了观音灵显。咸通年间日僧惠锷从五台山上请了一尊观音像，但是回来经过普陀山的时候遇到了阻碍，于是就在普陀山的潮音洞登岸，而观音像就留在了当地的一家民宅中，此民宅便被称为“不肯去观音院”。至宋绍兴元年，经当时朝廷准许，普

南海观音像是普陀山的标志之一。

旅游小贴士

地理位置：浙江省舟山市

最佳时节：四季皆宜

开放时间：全天开放

旅游景点：普陀十二景

特色风味：素斋、普陀山观音饼、紫涛盛宴

陀山正式成为专供观音菩萨的道场，与五台山、峨眉山、九华山合称为我国四大佛教名山，因临近环境优美的海岸便有了“海天佛国”“南海圣境”的美誉。

要想登上普陀山，就必然要经过莲花洋，若是有缘赶上这里的午潮，便可见到犹如万千莲花起伏荡漾的壮观场面。若是遇到大风，波涛汹涌的场面又是另外一番令人浮想联翩的画面，正如渔歌所唱：“莲花洋里风浪大，无风海上起莲花。一朵莲花开十里，花瓣尖尖像狼牙。”

享有“海上罗浮”美誉的“梅湾春晓”是普陀山的一绝。在普陀山的西面有一个山湾，当地人管这里叫作梅湾，普陀山也因此被称为梅岑。梅花盛开时节，漫山的梅香扑鼻而来，红红白白的梅花掩映在青山庙宇之间，为普陀山这清净脱俗之地增添了些许美丽。

在普陀山的众多美景中，除却“梅湾春晓”，堪称普陀山另一大奇异景观便是“磐陀夕照”。在梅福庵向西不远的地方有上下相叠的两块石头，这就是普陀山著名的磐陀石了。下面的石头底部宽阔，而顶部则是尖尖的，是“磐”，而上面的那块儿菱形石头则上部平下部尖，就是“陀”了。上下两石相接的间隙犹如细线，似接未接好像一块石头悬空在另一块石头之上。每当西下的夕阳斜照其上，犹如给磐陀石披上了一层金灿灿的光辉。

普陀山的神奇之处就在于流传着很多关于观音显圣的传说，短姑圣迹就是众多传说中的一个。短姑道头位于山门东南方向300米的地方，这里有许多形状怪异和大小不一的石头，相传这些石头便是观音送食在水中投下的石头。当年有一对姑嫂乘船来此还愿，就在即将进山之际，小姑“天葵”来潮，自认不洁，便不敢入山，嫂子只得只身一人进山。直至正午小姑饿得浑身无力时潮水也大涨，她无法上岸，这时一个村妇踩着丢在水里的石头送来一篮食物，声称是嫂嫂拜托她来的。后来嫂嫂与小姑说起瞻仰莲座之时发现观音大士的衣裾有一片是湿了的，小姑这才想起中午给自己送饭的事，恍然明白是观音大士化身所为。因为嫂嫂曾在进香之前埋怨小姑没有拜见菩萨的缘分，于是后来这个码头便叫作“短姑道头”，意思就是揭小姑短处，而观音大士送食扔下的石头便被称为“短姑圣迹”。

“惊起东华尘土梦，沧州到处即为家。山人自种三珠树，天使长乘八月槎。”千百年来，普陀山以其清雅脱俗的美景和悠久深厚的佛教文化吸引了无数的文人墨客，他们纷纷作诗歌颂，为之锦上添花。

普陀山上著名的“普陀石”。

九华山 东南第一山

九座山峰好像盛开的莲花屹立在九州大地之上，九华山也因此而得名，因奇特秀美的风光被称为“东南第一山”。它位于安徽省池州，是地藏王菩萨的道场，与五台山、普陀山、峨眉山并称我国佛教四大名山，也是上古时期学仙修道的一处圣地。

自古名山大多与名士紧密相连，九华山就与诗仙李白密切相关。“一生好入名山游”的李白登顶九华山时，感叹此地景色秀美、巍峨耸立的九座山峰好似盛开的莲花，便赋诗一首，赞誉其“妙有分二气，灵山开九华”，至此九华山之名得以传唱九州。后来，李白又多次来到九华山游览，留下“天河挂绿水，秀出九芙蓉”等千古名句。

旅游小贴士

地理位置：安徽省池州市

最佳时节：四季皆宜

开放时间：08：00 ~ 17：30

旅游景点：圆通寺、九华街、天台峰、十王峰、九华河

特色风味：九华素斋、山珍素鸡、地藏黄精饼、黄扒素鱼翅

翻腾的云海是九华山的一大美景。

在九华山的众多山峰中，以莲花峰、天台峰、芙蓉峰等九座山峰的景色最为雄伟壮美，山峰之间林立着数座古刹庙宇，缭绕的香烟，参天的古木，使这里愈发的幽静，充满灵秀之美，九华山也因此成为“莲花佛国”。

清朝时九华山便以“九华十景”闻名天下。九子岩因远远望过去好像抱在一起嬉戏玩耍的九个婴儿而得名，清澈的泉水从岩石下面流过，在山谷间直泻而下，撞击在岩石上犹如轰鸣的雷声，响彻天地，于是就有了“九子泉声”这样的奇异景观。九华山北部的莲花峰峭立挺拔，如花瓣般交叠镶嵌，远远望过去如同含苞待放的莲花。此地是观赏九华云海的绝佳地点。每逢春夏之时，九华山间便云雾弥漫，峭立的山峰在翻腾的云海间时隐时现，变幻莫测，“莲峰云海”堪称是九华山一绝。翠盖峰下有一泉三潭，甘甜的泉水从石缝中流入幽深碧绿的深潭，青山石林倒映潭中，如清凉的仙境。相传古时一位名叫舒姑的美丽女子，经常在清泉石旁婉转歌唱，时日久了，竟化作潭中鲤鱼，永伴在此。因此，这里的泉水便命名为舒姑泉，潭水便为舒姑潭。皓月当空之时，此地尤为适合赏月，此景便是“舒潭印月”。

天台峰西侧有一块巨大的石头贴在崖壁上，这就是有名的“大鹏听经”。

既是佛教名山，那么便少不了寺庙。九华街是九华山的中心，这里聚集了众多的古刹庙宇，其中化城寺是这里历史最为悠久的寺庙。这座古寺始建于晋代，依山势而建，寺前有一圆形广场，场中央的莲花池呈弯月形。据《妙法莲华经》记载，一位“导师”带人一同求取珍宝的路途中，众人因疲惫不堪而心生畏惧，不愿再走，于是这位“导师”便变化出供众人休息的城，于是此城便称为“化城”，化城寺也由此而来。

九华山化城寺，如今被用作九华山历史文物馆。

“江边一幅王维画，石上千年李白诗”，九华山以其独特的魅力吸引了大批的文人墨客慕名来此，他们沉迷于美景的同时，也留下了对九华山的赞美。浪漫的诗歌、悠扬的梵音为九华山增添了深厚的文化气息。

骊山 传奇名山

长安之侧的骊山从来都不缺传说故事，西周的周幽王为博美人一笑而在这里烽火戏诸侯，唐玄宗与杨玉环在此演绎了一场凄美爱情。骊山就是这样一座充满人文之情和传奇的名山。

作为秦岭支脉的骊山位于陕西省，山上的松柏，不管经历多少年的风雨依然苍翠欲滴，骊山这座充满了故事的青山以坚定的姿态向无数的游人展示自己的魅力。相传古时有一位骊山老母，她为了弥补坍塌的天空，便决定炼石补天。她其中一个女儿化为了飞马，驮着母亲和姐姐一起补天。后来洪水泛滥，毁坏了许多庄稼，黑龙也趁机出来作怪，于是这对姐妹就奋力收服黑龙，竭力补救大地。姐姐为了补地，化为长堤阻挡了洪水，飞马在此躺下陪伴姐姐。经过很长时间，苏醒了的飞马被这里如诗如画的美景所吸引，不愿再回天宫，于是便化作大山，自此守护着这里。因为飞马俊秀美丽，当地人亲切地唤它“骊马”，所以后来这座山也就被唤作骊山。

旅游小贴士

地理位置： 陕西省西安市

最佳时节： 3 ~ 11月

开放时间： 08：00 ~ 18：00

旅游景点： 遇仙桥、晚照亭、舍身崖、兵谏亭、烽火台、老君殿

特色风味： 石子饼、浆水面、牛羊肉泡馍、贾三灌汤包

秦始皇陵位于骊山的北麓，是中国历史上第一个皇帝秦始皇的陵墓。

骊山最著名的莫过于秦始皇陵。这座神秘而宏伟的陵园靠着层峦叠嶂的骊山，从远处观望，高大的峰冢与骊山水乳交融、好像完全融合在一起，其宏大的规模震惊了海内外。秦始皇陵中那些或站立，或跪射的陶俑赫然便是气势威武的军队，他们跨过千年的历史守护着帝陵的主人。遥想当年，战乱纷争中秦王扫六合统一了天下，开创盛世帝国，抵御匈奴修筑长城，留下不朽的杰作……“遗作”帝陵也让后人惊叹不已。

沿骊山西面直登山峰，便可见上书“晚照亭”的亭子。由古至今，人们对于晚霞或惆怅而生出“夕阳无限好，只是近黄昏”的幽怨之叹，或赞叹而生出“丹枫掩映夕阳残，千壑万崖画亦难”的溢美之词，骊山晚霞无疑属于后者。夕阳西下，余晖为骊山抹上了一层红妆，亭台楼殿、苍松翠柏在斜阳的映照下，仿佛笼罩在一片金光之中，于是便有了被称为关中八景之一的“骊山晚照”，绮丽多彩的美景令人见之难忘。

站在晚照亭的北侧远眺，以温泉而闻名的封建帝王的离宫——华清池赫然出现在眼前。华清池享有盛名不仅因为长年不断的温泉和富有唐风古韵的古代建筑，更因为李杨二人那段缠绵悱恻的爱情故事。“春寒赐浴华清池，温泉水滑洗凝脂。”白居易的《长恨歌》描写了贵妃玉环的美丽，而华清池便是他们爱情的见证。

骊山是一座充满传奇色彩的山峰，它带着满身的故事从悠长的岁月中走来，以独特的魅力令无数人折服。

华清池与兵马俑相毗邻，在这里上演了无数的传说故事，最著名的莫过于唐明皇与杨玉环的凄美爱情故事。

武夷山 江西最长的山地

武夷山兼具壮美与柔美，是大自然鬼斧神工造就的美。沿着九曲溪乘舟而下，心情会随着四周风景的变化而逐渐开朗，闭上眼睛，聆听这山水的歌唱，心里会愈发惬意。

独特的丹霞地貌赋予了武夷山雄奇壮观，水的流动不息给予武夷山秀美灵动，佛教、道教和儒家文化的传播使武夷山有了深厚的历史文化底蕴，集自然美与人文美于一身，因而武夷山成为我国的十大名山之一。

武夷山所有的精华在于"三三秀水清如玉，六六奇峰翠插天"，所谓"三三秀水"就是百转千回的九曲溪，"六六奇峰"就是环绕九曲溪的三十六峰。

徐霞客曾经在游览天游峰时写下："不临溪而能尽九溪之胜，此峰固应第一也。"

旅游小贴士

地理位置：福建省武夷山市

最佳时节：夏、秋季

开放时间：08：00 ~ 17：00

旅游景点：龙川大峡谷、玉龙谷、九曲溪竹筏漂流、天游峰、虎啸八景

特色风味：紫溪粉、熏鹅、瘦肉羹、清明粿

九曲溪发源于武夷山的山峰和幽谷中，溪流澄澈清莹、纵横交错，蜿蜒几十米，有道是“曲曲山回转，峰峰水抱流”。曲水两岸景致不一，或畅旷豁达，或幽深险峭，每一曲都是不同的山水写意画，有诗云，“溪流九曲泻云液，山光倒浸清涟漪”，形象地勾画出了九曲溪的秀丽轮廓。

乘着竹筏沿着九曲溪顺流而下，两岸美景尽收眼底。巍峨壮观的大王峰高耸在一曲的北岸，直插云霄。大王峰是武夷山 36 座山峰之首，四周岩壁形如刀削，气势磅礴，素有“仙壑王”之称。古人曾赞誉到：“不登大王峰，有负武夷游。”慢悠悠的竹筏顺着曲水来到二曲，这里有着武夷山最迷人的景观：玉女峰。“插花临水一奇峰，玉骨冰肌处女容”形象地写出玉女峰的风采神韵。山峰高耸挺拔，岩壁十分光滑秀丽，好像经过雕刻家的精雕细琢，山顶茂密的花木，远远望过去像极了美丽的花冠。玉女峰下有一处浴潭，据传曾经有玉女在这里沐浴。潭水碧幽清澈，倒映着充满迷人神韵的玉女峰。

当小竹筏静幽幽地来到五曲，溪水波光潋滟，空气中传来阵阵淡墨清香，时而晨钟暮鼓余音袅袅。九曲中五曲最为开阔，同时这里也是武夷山中人文特色最为浓厚的地方，两岸山峰以秀美的姿态相对而立。隐屏峰下有一座紫阳书院，著名的理学大师朱熹曾在这里讲学，虽然经过千百年的风雨，朗朗的读书声好像还在耳边回荡。

在九曲溪乘竹筏漂流，沿岸美景尽收眼底。

过了五曲就是六曲，这是九曲中最短的一曲，然而却是景色最为优美的地方，被誉为“武夷山第一胜地”的天游峰就位于此处。登临天游峰可以欣赏到九曲的全景，山峰巍然耸立，孤峻挺拔，明代旅行家徐霞客评论道：“不临溪而能尽九溪之胜，此峰固应第一”。

乘着竹筏随波逐流，沿九曲溪而下，那澄明如镜的溪水倒映着两岸的青木峻峰，宛如神女手中一条绿色绸缎。微凉的风拂过面颊，十分惬意，水中有畅游的鱼儿，偶尔还会调皮地跃出水面与游人打招呼，静谧的武夷山也因此多了些许盎然生机。时光无言，静默挺拔的山峰和蜿蜒曲折的碧水尽诉逝去的岁月。岸边苍劲的古树依然绽放的精彩，交杂的树根和茂密的枝叶都浸透了历史的沧桑，无数的文人墨客在这里留下了千古的绝唱。

武夷山之所以能够成为我国的十大名山之一，不仅仅是它拥有优美的自然景观，还具有深厚的人文底蕴。武夷山的风景秀美独特，吸引了众多的文人墨客，他们在这里或著书立说，或开院授徒，或到此游览而留下翰墨文章，都为这自然之景增添了浓厚的文化色彩。说到武夷山，就不得不提武夷山茶，武夷山的大红袍可谓是“茶中之王”，冲泡后香气馥郁有如兰花，饮之齿颊留香经久不散。

钟灵毓秀的武夷山既有美景也有美物，还有深厚的文化内涵，跻身我国十大名山之列，乃是应然之事。其自然与人文之景两相合衬，真是值得一游的胜地啊！

武夷山斑痕累累的晒布岩像极了人的手掌，相传这是仙人留下来的，所以又叫作“仙掌峰”。

生长在悬崖峭壁上的大红袍是武夷山名茶，被称为“茶中之王”。

摩崖石刻赋予了风景优美的武夷山深厚的文化内涵。

珠穆朗玛峰 靠近天堂的地方

蓝天白云之下，抬头凝望，那皑皑白雪覆盖下的山峰，显示出巍峨、圣洁、雄伟的气势，千百年来，珠穆朗玛峰犹如一位梦幻的女神静立在这片雪域高原。

珠穆朗玛峰位于喜马拉雅山脉的中段，四周众山环绕，其中有数十座山峰的海拔在 7000 米以上，也因此这里成为世界上最为壮观的高山群之一。山峰终年被冰雪覆盖，云雾缭绕，大部分时间里都是狂风大作，雪花冰雹从天而降。偶尔的晴朗天气里，万里无云，日落时分，晶莹剔透的冰峰在阳光的映照下犹如被镶了一层金箔，格外的静美，这就是珠穆朗玛峰的美景之一——日照金山。

进入珠穆朗玛峰大本营必然要经过这段蜿蜒曲折的盘山公路。

想要欣赏珠穆朗玛峰的壮丽美景，珠峰大本营是登山的起点和中转站。这个为保护珠峰环境而建的保护地带，能够为游人提供必要的休息与给养。若是想要从北坡攀登珠穆朗玛峰的大本营，就必须要经过世界上海拔最高的寺庙，那就是绒布寺。绒布寺的海拔有 5800 米，站在这里极目远眺，在群山中傲然挺立的珠穆朗玛峰格外醒目。

在珠穆朗玛峰除了看山，还可以看云。高高的雪峰耸入云端，缥缈的云雾在山峰间飘荡，对流形成的积云犹如一面展开的白色旗帜在山顶挥舞飘扬。随着气流的上升和高空复杂多变的天气，积云不断变换形态，在气流的带动下如流水一般在山谷中快速流淌。因此，珠峰旗云也有着“世界最高的风向标”之称。

当珠峰第一次被发现，它就成为攀登爱好者渴望征服的对象。然而，海拔 8844.43 米的山峰，巍峨雄壮，岩壁陡峭，沉积千年的冰雪光滑无比，加之变化多端的天气，让无数攀登者望而却步。只有大无畏者才有征服这座世界第一高峰的勇气。1953 年，英国人埃德蒙 · 希拉里、丹增第一次成功登顶珠峰，此后的数十年里有上千人成功攀登珠峰，并发现和开辟了 11 条登山路线。

壮美的旗云在天地间悠悠飘荡，当它远走时，圣洁的珠穆朗玛峰露出了真实的面目，巍峨的气势显露无遗。珠穆朗玛峰，每一个走近它的人仰望着、注视着那一抹神圣、洁白都会在心底发出无尽的感慨和叹息。

旅游小贴士

地理位置：西藏自治区日喀则地区定日县边境处

最佳时节：4～6月、9～10月

开放时间：全天开放

旅游景点：珠峰大本营、绒布寺、绒布冰川

注意事项：前往珠峰旅游，必须办理边防证

夕阳照射在珠穆朗玛峰顶形成日照金山的绝美景色。

武当山 五岳之冠

武当山位于湖北省十堰市，历经宋、元、明、清四朝不断的扩建才有了如今规模庞大的古建筑群。自宋元以来，武当山被尊为“皇室家庙”，有着“五岳之冠”的显赫地位。元末明初的张三丰在前人的基础上，建立了武当派，将武当功夫发扬光大，武当派从而成为中华武术的重要流派之一，影响深远。

“五里一庵十里宫，丹墙翠瓦望玲珑。楼台掩映金银气，林岫回环画镜中。”这首流传了数百年的诗歌，生动地描绘了武当山的壮丽与华美。但是当你走近武当山，就会觉得洪翼圣的诗句还不足以完全表现出武当的大美。身处武当山之中，你会被眼前展现的奇诡、绚丽的风景所震撼，内心会油然生出无法言喻的激动之情。

鳞次栉比的 200 余栋古建筑组成了规模宏大的建筑群，精致、严谨的装饰和构造都显示了武当山古建筑雄伟壮观的气势。众多的古建筑中太和宫、紫霄宫、南岩宫和遇真宫是最主要的四座建筑，除此之外，还有庵堂、祠堂等大量的古建筑。在这些古

紫霄宫始建于永乐年间，宏伟壮观的气势使它在武当山建筑群中格外醒目。

建筑中，最为华美的当属紫金城、净乐宫、玉虚宫、太子坡等明朝遗留下来的建筑，是永乐皇帝亲自主持修建的，数十万的劳工耗费数十年的时间才建成，可谓不计成本、不吝资财。

在众多的武当山古建筑群中，金顶无疑是王冠上的熠熠明珠。金顶位于天柱峰的顶端，是一座仿木结构的汉式宫殿，始建于永乐年间，高 5.5 米，面阔 4.4 米，进深 3.15 米，重檐翘角，殿脊上还装饰有惟妙惟肖的仙人或吉兽。宫殿表面全部鎏金，结构十分严谨，虽然历经 500 多年的风雨侵蚀，但是依然坚不可摧，古人的智慧和高超的技艺不得不让人叹服。金殿之中，真武大帝披头跣足，身穿战袍铠甲，看着异常的健壮，两侧还有金童捧册，玉女端宝，水火两位将军持宝剑护卫左右，看着十分的勇猛，是全山铜铸造像艺术精华所在。抬头仰望，“金光妙相”四个鎏金大字映入眼帘。

站在金顶眺望，八百里风光尽收眼底，一望无际，远处连绵的青山好像一块碧绿的屏风，澄澈的江水如明镜般平静。有诗赞曰：“直上天门景更幽，金城台殿甲中州。丹梯万丈云霞杳，白浪千层雪雾收。点点秦山横地出，悠悠汉水接天流。银河夜色清如许，蓬莱何须海上求。”

站在金顶极目远眺，武当山的美丽景色尽收眼底，颇有俾睨天下的气势。

大雪覆盖的武当山一片银装素裹，在天地之间更显庄严。

旅游小贴士

地理位置：湖北省十堰市

最佳时节：3～5月、9～11月

开放时间：08：00～17：00

旅游景点：太和宫、紫霄宫、南岩宫、磨阵井、复真观

特色风味：广水滑肉、黄陂三合、沔阳三蒸

武当山张三丰创造的太极拳是中华武术的重要组成部分，在当今世界有着深远的影响。

除了规模宏大的古建筑群和美丽的风景，武当山也是道教圣地，自唐末五代以来，武当山便一直以道教仙境著称。说起武当，便不得不提张三丰，这个一手创建太极拳法的武林高手。据传他原来的名字叫张三疯，因为他整天疯疯癫癫，说话颠三倒四，尤其不讲究卫生。早起不洗脸，夜晚不洗脚，并且从来不换洗衣物，所以他的师兄弟和师傅都不喜欢他。有一天，师傅病了，张三疯便和师兄弟一起来看望师傅。张三疯问师傅：“师傅，师傅，病好些吗？”但是师傅因张三疯太过邋遢，不想理会他，便装作睡着。于是张三疯便一遍又一遍地问师傅，直到师傅不耐烦了，“哼”了一声表示回应。而张三疯却以为师傅想要吃杏，于是就在漫天飞雪中上山为师傅摘杏。其实他师傅的意思是要他快走开，但是在当地方言中“哼”与“杏”同音。然而说来也巧，张三疯在山上寻觅了很久，终于被他找到两个带着青叶子的黄杏。师傅看到杏之后病就好了一半，等吃了杏之后，病就奇迹般的全好了。从那以后，大家便对张三疯刮目相看。直至后来，张三疯创建了武当派和扬名天下的太极拳法，武当山的名声更胜从前。

武当山以恢宏的气势、壮美的自然景观和深厚的文化底蕴而闻名天下，果然不愧“亘古无双胜境，天下第一仙山”的美誉。

弥漫在山间的云海如同波涛翻滚的大海，景色异常壮丽。

太姥山 海上仙都

太姥山原名为“太母”，据传是因为尧时有一老母曾在这里羽化飞升而得名，太姥山也因此带有了一层神秘色彩。太姥山位于福建省的东北，三面皆环海，只有一面背山，山水相依，秀美绝伦。当地人把太姥山和武夷山合称为“双绝”。

旅游小贴士

地理位置：福建省福鼎市

最佳时节：11月下旬

开放时间：08：00～17：00

旅游景点：太姥山岳、九鲤溪瀑、晴川海滨、福瑶列岛、桑园翠湖、冷城古堡、瑞云寺摩尼宫、观海栈道

特色风味：鼠曲粿、年糕、九隐包、鱼片汤、推酥饼、千层饼、挂霜芋、假膏腻

太姥山素来有“海上仙都”的美誉，因为靠近东海，故而东海中的众位仙家就经常在这里相聚畅饮，此名便由此而来。太姥山雨水丰沛，山涧常年有清澈的溪流，其中九鲤溪风景最为幽美。这里有逶迤连绵的青山、郁郁葱葱的林木及林立的怪石，更有澄澈碧绿的湖水，湖底游鱼清晰可见，湖面倒映着四周山石，“迎仙船”“仙童望日”“观音坐莲”……众多美景令人目不暇接，沉醉不已。九鲤溪上游至下游之间浅滩众多，或平缓，或湍急，乘着竹筏从这里经过，颇为凶险。

九鲤溪还有溪口瀑和龙亭瀑两座瀑布。溪口瀑约有60米高，从陡峭的悬崖上倾泻而下，在阳光的折射下形成五彩斑斓的水帘幕。抬头仰望，水流翻滚如同相互搏斗的困兽，令人心惊胆战。龙亭瀑呈“人”字形，百十米的落差使瀑布犹如长长的白练倾泻而下，惊雷巨响，有震撼人心的磅礴气势。

太姥山有着众多的美妙景色，但是若论精华，当属太姥山的花岗岩。太姥山的花岗岩是大自然的鬼斧神工之作，二佛谈经、夫妻峰、玉猴照镜、金龟爬壁……还有许多充满神话色彩的形象，千奇百怪的造型，令人百看不厌，啧啧称奇。其中尤以绵延数千里的“九鲤朝天”和“二佛谈经”最为壮观雄伟。“九鲤朝天”是形状很像九条鲤鱼跃向天空，而“二佛谈经”很像是身披袈裟的佛僧面向东海讲解经书。无怪古人作诗赞之：“太姥无俗石，个个皆神工，随人意所识，万象在胸中。”

经过长年的风化，太姥山形成各具特色的花岗岩石景。

立于望海亭畔，“山海大观”水墨画尽收眼底。

若是遇上阵雨，山石一洗如新，与远处大海的潋滟水光交相辉映，连绵的山峰后面是蜿蜒的海岸线、众多的岛屿和迷人的梯田，所有的一切共同组成一幅“山海大观”水墨画，与“山增海阔，海添山雄”的美妙意境有异曲同工之效。

除却众多石景，太姥山的石洞也颇为奇特。经过调查，这里的石洞多达百个，要想走完这些石洞需要二十多天。石洞众多且都各具特色，有一直通向海面的“海通洞”，有向上延伸的“通天洞”，还有长年不断滴水的“滴水洞”……这些洞有的很小，仅可容纳几个人，而有一些大的洞能够容纳几千人，甚至还可以在里面建造房屋。若恰逢夏日来此，还可欣赏到空谷幽兰的美妙景色，嗅到幽幽暗香。在将军十八洞中，既可观海，也可观日，洞内还有许多奇形怪状的石头，有的形似骆驼，有的形似玉笋……其中还有多处涌动的泉水，在阳光的折射下，闪烁着细碎的金光。最为奇妙的是，站在洞中某处，伸开双手，左右冷暖不同，大有“冰火两重天”之感。洞中古藤蔓沿壁蜿蜒至阳光照射处，谱写着属于自己的生命赞歌。“将军十八洞”不仅有奇妙的景色，穿行其中更有无穷的乐趣。游人需要在其间或蹲下行走，或爬行，或侧行……洞中时时有欢声笑语传出。

“太姥梦萦今始游，果然仙境胜瀛洲。”漫游太姥山，在大自然的鬼斧神工和浓厚的人文历史中品味太姥山的独特韵味。

太姥山石洞颇奇特，有的小洞仅容一人通过。

贡嘎山 白色冰山

“贡”在藏语中有冰雪的意思，而“嘎”在藏语中的意思则是白色，所以贡嘎山又被称为“白色冰山”。贡嘎山位于四川与西藏的交界处，是横断山脉中最高的山峰，其周围海拔 6000 米以上的雪峰多达 45 座。贡嘎山被绵延不绝的群峰簇拥着，是雪域高原上著名的神山，其主峰赫然高出于众峰之上，有“蜀山之王”的美誉。

贡嘎山以罕见的冰川奇观闻名于世。

贡嘎山最出名的莫过于世所罕见的冰川景观。这里冰川众多，约有 45 条，其中有 5 条冰川长度在 10 千米以上。最长的海螺沟是贡嘎山原始冰川中最为奇秀的一条，也是迄今为止我国发现的最高大、最壮观的冰川瀑布之一。

作为大自然无私的馈赠，海螺沟景色优美，充满了原始与野性的魅力。泛着晶莹亮光的冰川从险峻的山谷中倾泻下来，好像雄狮怒吼出谷，气势十分骇人。大冰瀑布高1000多米，宽1100多米，以磅礴壮观的气势而闻名于世。站在沟底，四周山峰林立，千年积雪银光闪闪，当旭日冉冉升起，万道霞光普照，晶莹的冰川金光夺目，瑰丽辉煌，这就是著名的“日照金山”。阳光漫过皑皑白雪，一种神圣、无暇、“世界无我，唯有金山”的宏大。大自然的神奇伟力缔造了这天地合一的传奇，雄伟庄严，让人顶礼膜拜。

贡嘎山原始森林。

海螺沟并不纯然是冰雪的世界，茂密的原始森林宛如一条绿色的彩带游走在这片洁白之中。葱茏的草木孕育着变化无穷的植物景观，不时有可爱的动物出没，给静谧的森林带来一份灵动和生机。此外，海螺沟的温泉也十分令人心动，速来以温度高和出水多而出名，有时候，温度可达到90℃。试想一下，在一片冰天雪地之中，观看温泉边青葱茂密的植物，是怎样强烈的视觉冲击？

贡嘎山海螺沟的温泉，温度极高，水汽蒸腾。

旅游小贴士

地理位置： 四川省甘孜藏族自治州境内康定以南

最佳时节： 5～6月

开放时间： 全天开放

旅游景点： 海螺沟、大冰川、日照金山、木格错、五须海

特色风味： 牦牛奶、酥油茶、腊肉、青稞、来凤鱼

在沟底仰望雪山，千年不化的积雪，在金色的光线下晶莹剔透，锋利的雪山棱角划破碧蓝的天空，朵朵白云仿佛躲避的羔羊飘向远方。不时飘来的云雾在山谷间急速流淌，变化着阳光的角度，在丛林间投下斑驳的光影。

来到贡嘎雪山，怎能不体验一把登山呢？贡嘎山壁立千仞，陡峭险峻，攀登非常困难，攀登难度远甚珠峰，1932年才由美国人首次登顶。但对于登山爱好者而言，贡嘎山十分具有吸引力，被称之为“山中之王”。因为攀登难度大，这里也成为死亡率极其高的山峰。但是，艰难险阻并不能阻止人们攀登的脚步，那皑皑雪山的背后到底是一个怎样的世界？是冰川遍布、寸草不生的冰雪世界，还是鸟语花香、美若天堂的世外桃源？正是这种对神秘的探索，渴望体验“尘寰千万落”的豪气，支撑着人们不畏艰险地去征服贡嘎山。

千万年来，经过时间的洗礼，贡嘎山在悠悠的岁月中仍然屹立不倒，于苍茫之中傲视群山，以坚定的姿态守护着这片土地，接受众人的仰慕。

“山中之王”贡嘎山，攀登难度极大。

四姑娘山 蜀山皇后

神秘而秀美的四姑娘山一直以其独特的魅力吸引着众人的目光，姣美动人的容颜令人见过便难以忘怀。它既有雪域神山的圣洁，又有春暖花开时的生机盎然，还有澄澈的溪流，这就是享有“蜀山皇后”美誉的四姑娘山。

旅游小贴士

地理位置： 四川省阿坝藏族羌族自治州

最佳时节： 7～8月

开放时间： 08：00～17：30

旅游景点： 双桥沟、长坪沟、海子沟、幺妹山

特色风味： 烤全羊、牦牛肉、酥油茶、虫草鸭

四姑娘山位于四川省的阿坝藏族羌族自治州，是我国著名的旅游景区、地质公园和大熊猫栖息地。四姑娘山，顾名思义，是由4座连绵的山脉山峰组成，大姑娘山、二姑娘山、三姑娘山、幺妹山从北到南，一字排开。群峰巍峨，终年积雪覆盖，银装素裹，犹如四位头戴白纱的少女，光彩照人。四座山峰巍峨挺拔，十分陡峭，在众多的山峰中十分引人注目，其中海拔有6250米的幺妹山为四川省第二高峰，仅次于素来享有“蜀山之王”美誉的贡嘎山。

大姑娘山海拔5025米，在4000米以下山势较为低缓，是高山草甸区，芳草萋萋，到处都是盛开的野花，鲜艳夺目，还有成群结队悠闲散步的牛羊，偶尔还能够听见悠扬的牧歌声。一行人骑着马儿行走在草地上，远处蓝天白云下绵延起伏的皑皑雪山，苍翠欲滴的森林和远处潺潺的流水衬得这里异常秀美。

介于大姑娘山和三姑娘山之间的二姑娘山海拔有5276米，山峰尖峭，顶端十分狭窄如同一座城堡，长年覆盖有积雪，经过阳光的照射，发出耀眼的光芒。夏季的二姑娘山是最美的，漫山遍野的绿树红花，使这里充满了勃勃生机，二姑娘山也因此披上了一层绚丽的外衣。在充满原始生态意味的二姑娘山中，你不仅可以看到憨厚可爱的大熊猫、聪明伶俐的金丝猴，还可以看到许多珍贵的中草药。

三姑娘山海拔5355米，是森林最为茂密的地区，在海拔2500米以上原始森林、高山草甸分布密集。卧龙自然保护区就在这里，连绵不断的群山和一望无际的森林是大熊猫的家园。

落日的余晖为冷峻的四姑娘山增添了些许的柔美。

双桥沟因有两座桥而得名，是四姑娘山风景区中最为优美迷人的地方。

在四座山峰中，幺妹山是海拔最高的山峰，峰顶长年覆盖着冰雪，被缭绕的云雾所包围，是我国非常著名的登山名山之一，现如今已经有十多个国家和地区的登山队在这里成功登顶。幺妹峰景色优美，高山峡谷，森林草地，生态多样，被列为国家重点风景名胜区、国家级自然保护区名录、国家级地质公园和四川大熊猫栖息地。

在连绵起伏的山峰之间，峡谷沟壑蜿蜒绵长，其中双桥沟、长坪沟、海子沟的景色十分优美，是四姑娘山有名的胜地。双桥沟因杨柳桥和便桥两座桥而得名。走进沟内，曲折幽深，山势陡峭，两侧的景致犹如花朵点缀枝干，漫步其中，草木繁盛，云雾缭绕，恍若走在画廊之中，令人流连忘返。

在四姑娘山的众多峡谷沟壑中，长坪沟因有丰富的植物种类而成为绝佳的生态旅游地，遮天蔽日的原始森林赋予了长坪沟悠远的神秘气息，同时这里也是许多登山客的重要营地。海子沟是进行探险的最佳地点，沟长 19.2 千米，谷内的浮海、花海子、蓝海等众多湖泊清澈见底，四周之景倒映其中，宛如美丽的壁画。深秋季节，背面山坡上的灌木林那苍翠的色彩变得五彩斑斓，呈现层林尽染、万山红遍的壮丽景观。

海子沟是四姑娘山的重要组成部分，优美的环境、凌空飞翔的鸟儿和清澈的海子瞬间便可以捕获人们的心灵。

四姑娘山每个地方的景色都有其独特的魅力，它毫不吝啬将自己的美展示给世人，是观光者的胜地，登山者的天堂。

云台山 竹林七贤隐居地

河南省焦作市修武县的云台山是我国 5A 级风景区，这里有着许多奇形怪状的花草树木，种类多达数百种，充沛的泉源使这里充满了灵动之美，其中，314 米落差的云台天瀑是我国已经发现的落差最大的瀑布之一。

云台山常年弥漫着云雾，山上有大面积的原始森林，山谷中还有碧绿的溪潭，看着异常的深邃，还有许多壮观的飞瀑清泉，共同组成了一幅如诗如画的美景，造型各异的奇峰怪石，文人墨客的驻足题词，令这幅美景更加丰富。

云台山素来以山奇水秀闻名，山中的潭瀑峡更是其秀美风景的绝佳代表。谷内溪水淙淙，泉水汩汩而出，“三步一泉，五步一瀑，十步一潭”，到处都是涓涓溪流，山花鲜艳夺目，沿着台阶前行，一路美景不断，远处还有乘着竹筏漂流的游人，所有的一切构成了一幅美丽的自然风景画。云台山虽然地处北国，却有着南国的秀美婉约。清澈见底的溪流中，棱角突兀的石块早已被冲刷得圆润精致，快乐的鱼儿游来游去，轻灵的水草游弋曼舞，

当太阳跃出云层，云台山就像穿上了一层绚丽的彩装。

湛蓝的天空与洁白的云朵倒影水中，清风拂过，溪水荡起层层涟漪，一圈一圈地向远处散去，这样的人间美景几乎让人以为是来到了世外桃源。

红石峡素来有“中原第一景”之美誉，它还有一个名字叫温盘峪。这里的清水幽潭充满了灵动秀美之气，还有那颇为雄险的瀑布、溪流，可谓是“自然界山水的精品”。红石峡除了水秀之外，还有一个奇特的地方就是这里重重叠叠的红色岩石。这里的红色岩石吸收了天地日月的精华，细看之下，隐约可见海浪冲击下形成的岩石层理，仿佛要引领着人们探索它的奥秘。

顺着在山体腹部开凿出的狭窄走廊缓缓前行，景色随着脚步的移动而变换，通体赤红的崖壁上生有许多青翠葱郁的树木，冷冽湍急的泉水在断崖处挂起一道白练，白练下端连着一个浓绿深潭。红岩，绿树，白练，碧潭，强烈的色彩对比令人眉舒目爽，不由地赞一声：妙！“一线天”好像泰山压顶，时时都会坠落，那两侧高耸的山头紧紧地封锁着头顶的天空，只留出一道极为细小狭长的窄缝，令人不由想起李大钊的那句话：“绝美的风景多在奇险的山川”。

道不尽云台山的美景，写不完云台山的妙处。云台山是大自然赐予人类的天然艺术品，美得令人心动，令人窒息。

旅游小贴士

地理位置： 河南省焦作市修武县

最佳时节： 四季皆宜

开放时间： 07：00 ~ 18：30

旅游景点： 百家岩、红石峡、子房湖、泉瀑峡、潭瀑峡、猕猴谷

特色风味： 山韭菜炒鸡蛋、海蟾宫松花蛋、修武黑山羊

红石峡因为雄奇、秀丽的风光而被称为“自然界山水精品廊”。

稻城亚丁 稻城神峰

稻城亚丁是雪域中一座美丽的世外桃源，香格里拉之魂曾在这里驻足停顿，它充满了神秘色彩，是无数游人心中向往的人间天堂。

漫步稻城亚丁，古朴的冲古寺、宝石一般的牛奶湖和美丽的络绒牛场一一展现在人们的眼前，仙乃日、央迈勇等神山露出了真面目。在这里一直有这样的说法，若是能够一连三次对着神山虔诚地朝拜，美好的愿望就可以实现。

仙乃日藏语意为“观音菩萨”，所以它也被称为观音山，是稻城非常有名的雪山。弯曲的小河穿过五彩的草滩，碧绿的水草，随波飘动，美丽悠然。点缀在草丛中的野花，各种各样的颜色令人眼花缭乱。听着哗哗的水流，仿佛一支柔美的曲子，有时候急切，有时候舒缓，起起伏伏，拨动人们的心弦。高耸的雪山就坐

连绵的雪山包围着亚丁。

秋季的亚丁格外的清新美丽。

旅游小贴士

地理位置：四川省甘孜藏族自治州稻城县境内

最佳时节： 4～5月、9～10月

开放时间：07：00～18：30

旅游景点：仙乃日、央迈勇、夏诺多吉、蒙自大峡谷、俄初山、阿西高山公园

特色风味：青稞酒、酥油茶

落在这幽静的山野，山顶积雪仿佛一顶帽子，衬得仙乃日可爱起来。此外，海子山的景色也不能错过，那里有数不胜数的石头，星罗棋布。那些石头奇形怪状，大小不一，仿佛是某个神圣的古老遗址，充满了神秘！

当你走到牛奶海的近前，那种秀丽姿色，言语难说。在这里牛奶海又叫作洛绒措，是古时候流传下来的冰川湖，形状与即将滴落的水珠十分相似。四周雪山环绕，湖水清莹碧蓝。央迈勇神山矗立在侧，山影入波，随风泛起粼粼涟漪，仿佛山也随之浮动一般，这就是牛奶海最为灵动之处。停驻岸边，所有的烦恼与忧愁仿佛都随着美丽的风景烟消云散。

宝石般靓丽的牛奶海。

安宁静谧的亚丁村在距离香格里拉镇不远的地方，因为秀美、纯洁而被称为“最后的香格里拉”。巍峨的雪山与葱郁的森林把世外的喧嚣隔绝，所以很久以来它都鲜为人知。亚丁村位于山间的台地上，周边群峰连绵起伏，山势险峻，雄伟而安详，像一位慈祥的母亲守候着村庄。清晨金色的阳光将山顶的白雪染成黄灿灿的一片，傍晚又把它抹成浅浅的殷红。村子里只有 28 户人家，他们世代生活在此，已经与自然融为一体，他们领会这自然的语言，找到了真正的和谐。

山脚下安宁静谧的亚丁村。

古老的冲古寺已经破败不堪了，然而那段传说还在，当你抚摸着那些兀立的墙壁时，不知道你是否还能听到那悠远的诵经声。一条奇绝的山路伸向天空，那是藏民信仰的归宿。尽管路途艰辛，那些朝拜者依然虔诚地把胸膛贴近大地，只为了献上自己的一片赤诚之心……

第二章

风与水的潋滟清韵

西湖 诗画之景

西湖犹如一幅赏心悦目的画，是一个充满柔情、令人心生涟漪的地方。“未能抛得杭州去，一半勾留是此湖。”杭州最美的是西湖，春风拂面，碧水微漾，置身其中不觉心醉神迷。“欲把西湖比西子，浓妆淡抹总相宜。”装扮后的西湖妩媚而又温情，那柔情似水的眼眸仿佛融化世间所有的缱绻缠绵。那传说里的优美故事，百转千回，令人心动不已。

西湖的美是一种柔婉的美，是充满了灵性的美，就如同温婉袅娜的少女。走近西湖，仿佛回到生命初始的地方，亲切、贴心，没有一丝陌生感。面对西湖的美，千百年来无数文人骚客俊雅奇士舞文弄墨，挥发豪情，却只能无奈感叹：“古今难画亦难诗。”

在西湖的众多美景中，最引人瞩目的莫过于白素贞和许仙爱情开始的断桥。当年，那个有些“呆呆”的男子不经意的相助开始了一段动情的故事，断桥悠悠，见证了千年前人与妖的相会、相知、相爱。如今，断桥静静地伫立在西湖边，平凡无奇，与其

《白蛇传》的凄美传说为断桥增加了些许悲情意味。

说人们是被它的优美所吸引，倒不如说人们是被它的美好意蕴所吸引。古今有多少痴男怨女在此留下山盟海誓，彼此相许，渴望如白许二人一般得成眷属。

斩断如丝的缕缕情愫来到白堤，桃红柳绿，一株株俊秀的花树仿佛精美的珠玉装饰在白堤上。微风吹过，清香扑鼻，偶尔散落的花瓣像留恋树木的温情，不舍地飘落在湖中，那欲说又止的柔情，令人陶醉。

若是在清爽的秋夜踱步在白堤上，皎洁的明月高悬，洒下莹莹清辉，倒映在微澜的湖水中，天明水秀，水月交溶。这样秀美的景致就是杭州西湖著名的“十景”之一“平湖秋月”。“万顷寒光一夕铺，水轮行处片云无，鹫峰遥度西风冷，桂子纷纷点玉壶。”临窗倚阁，抬头遥望，明月清辉，天地旷然，或许正是诗人看到如此的画景才会写出清雅静美的诗句。

在大诗人苏轼看来，这样的西湖似乎还缺少些什么，于是为了更添杭州西湖的美景，诗人在南屏山麓修建堤坝，广植花树，成就景色秀丽的苏公堤。春日的苏公堤上摇曳着青翠的树枝，淡淡的花香在空气中弥漫，时而有鸟儿在丛林中欢歌，如此的美妙佳景，让人心情愉悦，也使得“苏堤春晓”成为“西湖十景”之首。

在秋意渐浓时分泛舟于西湖之上，觉天长水阔，意境悠远。

西湖十景之首——苏堤春晓。

旅游小贴士

地理位置：浙江省杭州市

最佳时节：3～5月、9～11月

开放时间：全天开放

旅游景点：西湖十景

特色风味：吴山酥油饼、杭州酱鸭、一品南乳肉、天下第一包、西湖桂花藕粉

沿着苏堤漫步观望南屏山，高耸挺拔的山峰中透着秀美之意，好像一座天然的屏风。晴朗之时，蓝天白云，满目苍翠，若是在微微细雨之中，山峰缥缈空灵，若隐若现。每当山下佛寺晚钟响起，钟声悠扬，浑厚的钟声穿过山中岩穴，产生共鸣，飘荡在西湖上空，袅袅不绝。

穿越美景如画的西湖，聆听优美的传说，雷峰塔当然是故事中不可或缺的角色。雷峰塔初建于吴越国王钱俶时期，以后的千百年里多次毁坏重建，1924年9月25日倒塌，2000年重建。如今，这座承载着沧桑历史和凄美故事的宝塔重现光辉。夕阳西下，雷峰塔倒映水中，绚丽的晚霞好像为这湖光山色披上了一层金色的晚装，康熙御题之为“雷峰夕照”，为西湖十景之一。

乘着画舫在西湖中畅游，近看湖水涟涟柔波，溅起的水珠落在脸上清凉无比。三潭印月素来以清幽、秀丽的风光而闻名，可谓“西湖第一胜境”。岸边有摇曳多姿的金桂，在碧绿杨柳中依稀分布着先贤祠、花鸟厅等众多的建筑，随着脚步的移动这里也变幻出不同的景色，可谓一步一景。碧波荡漾的湖水中矗立着三座石塔，每逢中秋月明的时候，会在塔中点上蜡烛，此时灯光、月光与湖光交相辉映，形成奇异变幻的画面。

晨曦中的西子湖，薄雾氤氲，如犹抱琵琶半遮面的温婉女子，岸边晨练者的身影和远处传来的悠扬戏曲声都成了点缀西湖的一景。西湖似温雅娴静的小家碧玉，令人一见难忘。

西湖边悠闲绘画的人们。

秦淮河 十里珠帘

“烟笼寒水月笼沙，夜泊秦淮近酒家。”秦淮河因杜牧的一首《泊秦淮》而扬名天下。这里从古至今便不乏文人名士的逸闻趣事。它以灵秀的山水之气和深厚的人文之气孕育出著名书法家王羲之、山水诗鼻祖谢灵运以及巾帼不让须眉的李香君……如今，历朝旧事已经随流水杳然而逝，空余这十里秦淮以其独特的魅力征服世人，成为我国著名的历史文化名河。

旅游小贴士

地理位置：江苏省南京市

最佳时节：四季皆宜

开放时间：全天开放

旅游景点：南京夫子庙、中华门、江南贡院

特色风味：鸭血汤、油炸臭干、雨花石汤圆、鸭油酥烧饼、麻油烫干丝、什锦菜包

古时候的秦淮河又被称为“淮水”，它的大部分流域在南京市内。相传秦淮河是秦始皇为了方便东巡使船只能够通过而修建的人工运河，所以被命名为“秦淮河”。秦淮河的历史十分悠久，自古就是长江的支流，同时它也是南京的第一大河。秦淮河由句容河和溧水河合流而成，经过通济门外的九龙桥，分成了内河和外河两条支流，正流就是长 10 里的内秦淮河，即“十里秦淮”。从古至今有无数的文人墨客在这短短的十里长河上吟咏歌颂，前有李白、杜甫，后有孔尚任和吴敬梓等，诗文大家都为秦淮河留下了美丽的诗篇。

“一带秦淮河洗尽前朝污泥浊水，千年夫子庙辉兼历代古貌新姿。”这是南京夫子庙思乐亭两侧石柱上镌刻的一副楹联，从六朝时起秦淮河便是名门望族聚集的地方，这里不仅商贾众多，还汇集着许多的文人墨客，儒学在这里也兴盛起来，素来享有“六朝金粉”的美誉。从明清时代开始，秦淮河的繁荣渐至顶峰，此时的秦淮河人声鼎沸，金粉楼台，往来穿梭的画舫中不断传来欢声笑语，在绰绰的光晕下如同幻化出来的梦境，令人沉醉不已。清代戏剧家孔尚任在《桃花扇》中描写秦淮河“梨花似雪草如烟，春在秦淮两岸边，一带妆楼临水盖，家家粉影照婵娟”，再现了当年秦淮河的繁华热闹。

秦淮河如此繁华，不仅因为它地处政治中心，是王公显贵纸醉金迷之地，还因为它是南京乃至整个江南的文化渊源所在，在秦淮河的两岸就伫立着夫子庙、江南贡院、东南第一学府等诸多建筑。

河流穿城而过，乘船游览观看城中景色，十分有趣。

夜幕下的秦淮河流光溢彩。

在宋朝景祐年间，夫子庙便在东晋学宫的旧址上开始兴建，这是秦淮河最显著的特色，里面供奉和祭祀着孔子。秦淮河的岸边停靠着许多画舫游船，波光粼粼的水面在阳光下折射出耀眼的光芒，岸上有熙熙攘攘的人流和此起彼伏的喧闹声，如此热闹的场面不禁让人想起古时候的秦淮河。河对岸有长达百米堪称我国最大的红墙照壁的夫子照壁，壮观的气势令人叹为观止。在夫子庙前面的广场的北侧有古朴典雅的棂星门，上面的牡丹浮雕精工典丽，极见功力。棂星在古代的天文学中代表“文星”，有人才荟萃的意思。作为夫子庙正门的大成门则在古朴中透着雄伟的气势，挺翘的屋檐和威风凛凛的雄狮都在彰显着这里的不同凡响。穿过大成门，四块记录着孔子事迹的石碑赫然醒目，它们分别是“孔子问礼图碑”“集庆孔庙碑”“封四氏碑”“封至圣父碑”。正对着大门的大殿便是夫子庙的正殿大成殿。殿前的正中央竖立有孔子的青铜塑像，而两旁的汉白玉雕像则是孔子的弟子们，殿中最引人瞩目的莫过于我国最大的孔子画像。画像中的孔子须眉毕肖，乍一看犹如真人再现，不禁令人遥想孔子游说各诸侯国时的雄辩之姿。

古时冠盖满京华的乌衣少年已经不在，只余下秦淮河这一片美景，如朱自清写过的“那漾漾的柔波是这样的恬静，委婉……黯淡的水光，像梦一样；那偶尔闪烁着的光芒，那是梦的眼睛了”。

栩栩如生的二龙戏珠壁是秦淮河畔的一大特色，也是我国最大的红墙照壁。

月牙泉 沙漠第一泉

说到鸣沙山就不得不提月牙泉，月牙泉位于敦煌市西南，古时候的月牙泉名为“沙井”，因为外形很像弯弯的月牙，故而得名“月牙泉”，素来享有“沙漠第一泉”的美誉。

早在汉朝时期，月牙泉便以“月泉晓澈”而闻名天下。到了唐朝时期，月牙泉中不仅有船舸，泉边还建有寺庙，南岸排列着各式精致典雅的亭、台、楼、阁等古建筑。历代的文人骚客在此吟诗作赋，挥毫泼墨，悬置的匾额、碑刻上书法雅俊，堪称上品。

古人曾赞叹月牙泉：“一弯如月弦初上，半壁清波镜比明，风卷飞沙终不到，渊含止水正相生。”若是从高空俯瞰，此景尤为醒目。水质清冽、澄清如镜的月牙泉犹如少女般纤细婉约，在滚滚黄沙里更添天地间一份温柔。月牙泉有四奇：月牙之形千古

有着碧绿湖水的月牙泉是沙漠上的一处传奇。

在沙漠上行走的驼队。

旅游小贴士

地理位置：甘肃省敦煌市

最佳时节：5 ~ 10 月

开放时间：06：00 ~ 20：00

旅游景点：四奇、三宝、鸣沙山

特色风味：金银发菜、敦煌酿皮子、瓜州三绝、敦煌黄面

如旧，恶境之地清流成泉，沙山之中不淹于沙，古潭老鱼食之不老。千百年来，月牙泉虽然被流沙包围，之间的距离仅有数十米，但是遇到强风月牙泉却不会被流沙覆盖，处在干旱的戈壁泉水却不会干涸，故有“泉映月而无尘”“亘古沙不填泉，泉不涸竭”的奇观。

说到月牙泉就不得不提与之密不可分的鸣沙山，而鸣沙山特有的景观“沙岭晴鸣”自古便是敦煌八大景观之一。山体由细沙聚集而成，沙粒有着丰富多彩的颜色，红的、黄的、蓝的、白的、黑的，这些沙不仅颜色十分鲜艳，而且极为细腻，经过阳光的照射还会闪现出晶莹的光亮。周围连接着的形态各异的山丘组成了一条蜿蜒的沙链，一直延伸到天边。沙峰起伏，丘丘相接，似波涛汹涌，煞是壮观。

鸣沙山的神奇在于一个“鸣”字。无数的沙粒在风力的推动下，摩擦着慢慢向前滑动，从而产生了静电，静电在释放的过程中发出巨大的声响，这些响声汇聚在一起形成浩大的声势，宛若响雷，鸣沙山之名就是这样来的。

月牙泉有三宝，分别是铁背鱼、五色沙、七星草。相传把铁背鱼和七星草放在一起食用可以长生不老，对于一些较为复杂难治的病症有很好的疗效，故而月牙泉也有“药泉”的美称。罗布红麻是生长在月牙泉边的一味中草药，经过加工之后，制成茶叶饮用对于缓解头晕和改善睡眠质量有很好的疗效，并且还有增强免疫力、预防感冒、美容养颜等功效。

“山以灵而故鸣，水以神而益秀”，月牙泉和鸣沙山如同一对不离不弃的“恋人”，千百年来在大漠戈壁中互相守望，从而成为“塞外风光之一绝”。骑着骆驼在沙丘中漫步，驼铃悠悠；站在楼阁中静望月牙泉，时空变幻，恍若隔世，确有“鸣沙山怡性，月牙泉洗心”之感。

古老而沧桑的建筑是月牙泉的标志之一。

鸣沙山因有呜呜的响声而得名，自古以来便与月牙泉相依相伴。

天涯海角 恋爱圣地

碧水蓝天、婆娑椰林、柔软沙滩……这就是位于海南省的天涯海角，接连不断的浪花拍打着岸边，有一种云淡风轻的美。海滩上耸立的“天涯”“海角”以及水中的“日月”等石块象征了坚如磐石的永恒爱情。因此，天涯海角成了一处恋爱圣地。

屹立在南海之滨的“南天一柱”，还没有走近，便可以感受到那威武壮观的气势，石柱上的四个大字是由当年的崖州知州范云梯所写。清宣统年间，朝廷腐败，政治黑暗，西方列强纷纷侵入中国，清政府处于水深火热、风雨飘摇之中，范云梯是当时的崖州知州，他费尽心思治理着这片岛屿。当他到此地巡防时，豁然看到一巨石在惊涛骇浪中顶天立地，顿时心潮澎湃，内心涌现出无限的感慨，想到“国家兴亡，匹夫有责”，于是就提笔写下了“南天一柱”四个大字，饱满的笔迹、端庄的字体，透着一股

南天一柱是一尊高大奇石，又名“财富石”。

雄浑有力的气势。还记得已经停止发行的两元人民币吗？那背面的图案就是“南天一柱”。想来在设计之初，设计者不仅是为了让人们能够记住为国尽忠的名臣，而是让人更深刻地记住那胸怀天下、报效祖国的爱国精神。

望向远处烟波浩渺的大海，一阵一阵涌动不息的浪花轻轻拍打着沙滩，远处偶尔有飞鸟掠过，带起点点涟漪，远处的白色帆船在天地间是那么的渺小，仿佛随时都会消失不见。碧蓝的天空如水洗过般的澄净，与柔软的沙滩和随风飘动的椰林一起组成了美丽的热带风光。在岸边散落的众多礁石中，有两块非常显眼，那就是刻着“天涯”和“海角”四个大字的石头，它们相互依靠在一起抵抗风雨的侵袭。石面已经非常光滑了，在阳光的照耀下，那上面的字迹越发清晰了。它们见证了多少对情人对彼此的爱慕表白，又聆听了多少对爱人对彼此的互诉衷肠。

在《祭十二郎文》中，韩愈曾有“一在天之涯，一在地之角”之句，后来人就把这句话引申并概括为“天涯海角”，以此来表达天地相隔的遥远的意思，于是这里也成为恋人互表心意的地方。他们相约来到天地的尽头，在这里许下执子之手、不离不弃的誓言。

从地理位置上来说，“天涯海角”并不是世界的尽头，这仅仅是从文化意蕴上来说的。在中国古代，交通闭塞，而“鸟飞犹用半年程”的琼岛更是人迹罕至，交通的闭塞使这里的人无路可回，只能望着大海唉声叹气。宋朝名臣胡铨哀叹“区区万里天涯路，野草若烟正断魂”；唐朝宰相李德裕曾经被贬至此写下了“一去一万里，千之千不还”的诗句，抒发自己的苦闷心情；苏轼被贬海南的三年中，和当地的人们产生了深厚的感情，在临别海南之际更是写下了“云散月明谁点缀，天容海色本澄清”的诗句。这里留下了太多历史的痕迹，也见证了许多文人墨客的悲剧人生。现如今，天涯海角已经成为富有传奇色彩和浪漫气息的爱情圣地。

有两块像“日”与“月”的石头正对着天涯海角的大门，这就是日月石。它们象征了情侣之间心心相印，与日月相伴，永不分开的坚定的爱情，因而这两块石头又叫作“爱情石”。在天涯海角的爱情广场上与之相对的还有天涯海角星，它们一起相依相偎不分昼夜地演绎着矢志不渝的浪漫爱情。

“请到天涯海角来，这里四季春常在，海南岛上花盛开……”正如歌中所唱，如果你想来看大海和品海鲜，那么，请到天涯海角来；如果你想对心爱的人表明爱意，许下爱的宣言，那么，请到天涯海角来；如果你想在冬天享受到春光的明媚，夏日的海风，秋日的私语，那么，就请到天涯海角来……

旅游小贴士

地理位置：海南省三亚市

最佳时节：9月至次年4月

开放时间：夏季（3月1日至10月31日）07：30～18：00，冬季（11月1日至次年2月28日）07：00～18：00

旅游景点：天涯石、海角石、南天一柱石、日月石、历史名人雕塑园、笆篱凝霞景区、海天自然景区、天涯路

特色风味：文昌鸡、抱罗粉、加积鸭、和乐蟹、椰子饭、清补凉

两块石头如“日”“月”重叠相交，象征着心心相印、不离不弃的爱情。

葱绿的椰树、柔软的沙滩具有浓郁的热带风情。

青海湖 青色的海

青海湖是一个美丽而又神奇的湖泊，在藏语中又叫“措温布”，意思就是青色的海。作为我国最大的内陆湖泊和咸水湖，青海湖大约形成于 200 万年前，是由大通山、青海山、日月山的断裂、陷落而成。

青海湖给人的第一印象就是无与伦比的大，好像一眼望不到尽头，虽没有大海的广阔无边，却也有着大海的宏伟气魄。澄净的青海湖在阳光的折射下散发着耀眼的光芒，那深邃而迷人的蔚蓝好像拥有一股奇幻的魔力不断地吸引着你。如果说滟滟西湖是一位温婉的江南姑娘，那么宽广的青海湖就是热情、淳朴的藏族姑娘，脸上透着独有的高原红，勤劳、善良。西湖有着动人的白蛇传说，而在青海湖也有着文成公主的故事。

每年的 6 月底青海湖边的油菜花相继绽放，成为青海湖最美的景色。

传说，文成公主跋山涉水，经过青海湖时，连绵不断的群山好像一座座大门隔绝了文成公主与故乡，想到即将离别故乡，文成公主伤心不已，就在此时，唐太宗为她送来了黄金制成的故乡的日月模型，以慰她的思乡之情。从此，在青海湖畔有一座日月山耸立。还传说文成公主经过青海湖时，前有一条河流需要骑马才能进入草原。文成公主又感到万分的悲伤，因为跨过此河后距离家乡又远了，面对此情此景，她不禁掩面痛哭，也许是那哭泣的声音太过悲伤，因此感动了上天，于是奇迹就这样发生了，所有的溪流都是由西向东流，而这里的水却是向西流，承载着文成公主的思乡之情最终流入青海湖。

走近青海湖，首先映入眼帘的就是一望无际金灿灿的油菜花，一畦一畦的油菜花中间夹杂着绿色草地，黄绿分明，好像精致的绸缎，这样精致的绸缎也许只有心灵手巧的仙女才能编织出来。

走近青海湖，无边的湖水看上去就像和蔚蓝的天空连接在一起，碧波如镜的湖水在阳光照射下清澈明亮，倒映着白云飘飘的天空，纯净得没有一丝瑕疵，好像跌落凡间的蓝宝石，美得令人心醉。泛舟于湖上，前行的船只就像划破光滑的镜面，让人于心不忍。空中不时掠过飞翔的海鸥，洁白、轻盈，充满着天地的灵性。

远处的山坡上，壮实敦厚的牦牛悠闲地吃着青草，时不时地走下山坡到湖中饮水。堆积起来的玛尼堆好像在诉说着信徒们虔诚而又执着的信仰，在庄严的祭海台上随风飘扬的一条条五彩经幡，寄托了信徒们的期许和愿望。

美丽的青海湖犹如婴儿水汪汪的眼睛，假如有一天，你厌倦了都市里的喧嚣热闹，那么请走进这里，那清澈又澄净的湖水定会瞬间定格在你的记忆里，令你一再想起。

旅游小贴士

地理位置：青海省刚察县、共和县及海晏县交汇处

最佳时节：5～10月

开放时间：全天开放

旅游景点：青海湖、海心山、海西皮、沙岛、鸟岛

特色风味：青稞酒、尕面片、牦牛酸奶、炕锅羊肉

部分藏族地区有牦牛崇拜的现象，白牦牛更是被认为是吉祥的圣物。

青海湖边悠闲散步的牛羊。

纳木错 雪域天湖

位于西藏中部的纳木错是西藏的三大圣湖之一，在藏语中是“天湖”的意思。素来以海拔高、面积大和景色壮丽而著称的纳木错海拔 4718 米，面积约有 2000 平方千米，湖泊最深处超过 120 米。纳木错北面连接着起伏不断的高原丘陵，而南面则是终年积雪的唐古拉山，四周宽广的草原就像美丽的花环将纳木错湖围绕在中间。

纳木错的美令人心驰神往。站在岸边，湖水清澈见底，明亮如玉，净得让人心醉，亮得使人心旷神怡。轻抚湖水，雪域高原独有的冰冷立即浸入骨肉，寒入心脾。遥望远处，碧波万顷，云天浩荡。晴朗之时，日照雪山掩映湖水，金光闪闪，仿佛一条条金色的鱼儿跃出水面，欢快愉悦。此时此刻的纳木错如同一位半遮面庞的害羞少女，静静地矗立在那里，等待着人们掀开那朦胧

纯净的纳木错倒映着蓝天白云，真是赏心悦目。

的薄纱。尽管早已心有准备，但当你真的直面她那让人炫目的美丽时，那无瑕的美貌仍旧带给你无以言语的震撼。

静坐在湖边，仰望湛蓝的天空，洁白的云朵随着清风的吹拂慢慢向前移动，此刻的世界似乎是停顿的，静谧中潮起潮落，日月轮回，仿佛被时间所遗忘。湖畔由玛尼石垒起堆成的玛尼堆奇形怪状，石上刻画的箴言、佛像连同飘飞的五彩经幡，体现着信徒们的虔诚与执着，那一座座金字塔似的玛尼堆成为高原一道道靓丽的风景。

纳木错中兀立着五座岛屿，据说这五座岛屿由五方佛化身而成，来到这里的人焚香膜拜祈求平安好运。在湖水的东侧，古老的扎西寺庙静卧在雪山脚下，在许多虔诚的信奉者眼中，扎西寺就是神圣的化身，从古至今来这里朝拜的人就没有间断过。

月夜下的纳木错依旧美丽动人，纯净的黑夜仿佛无底的黑洞令人目眩神迷。皓月当空，洒下万缕清辉，繁星点点的夜空静默不语，在湖水拍打声中一切都显得如此静谧，让人不舍得发出一丝声响，害怕打碎这片沉静。

纳木错以它独有的美丽感染着这里的每一个人。当你沉下心来于湖畔静立片刻，看浩荡云天倒映在万顷碧湖中，有那么一二刻，你是不是也恍惚起来了，不知今夕何夕，也不知自己身在何处呢？

旅游小贴士

地理位置： 西藏自治区中部

最佳时节： 7 ~ 9月

开放时间： 06：00 ~ 18：00

旅游景点： 那根拉、扎西半岛、合掌石、纳木错湖

特色风味： 臧家酸奶、酥油茶、藏族酥酪糕

远处的雪山，近处澄澈的湖水，白色的浪花轻拍岸边，共同组成了优美的纳木错。

喀纳斯湖 彩色画板

喀纳斯湖是一个纯粹而充满魅力的地方，既有北国风光的雄浑壮丽，又兼具南国的娇妍秀美。变色湖、浮木长堤、月亮湾……那些美不胜收的西域佳景无时无刻不吸引着人们前去探索，郁郁葱葱的林木间一片清幽的湖泊，犹如跌落人间的绿宝石，而秋天的喀纳斯就如同打翻的调色盘，绚丽多姿的颜色令人心醉不已。

优美怡人的喀纳斯湖宛如一幅天然的画卷。

喀纳斯湖位于我国新疆阿勒泰地区布尔津县北部，是一个月牙形的内陆淡水湖。美丽的喀纳斯湖最初是第二次大冰期的冰川，后来随着天气的逐渐变暖，巨大的冰川开始融化，于是就有了现在的喀纳斯湖。得天独厚的自然条件孕育了喀纳斯湖优美纯净的景色，有奇妙的月亮湾，有如画的驼颈湾，还有美丽的卧龙湾，旖旎的风光使这里被多次评为“中国最美的湖泊”。

坐落在密林中的喀纳斯湖如同一幅优美的风景画，蜿蜒曲折的道路两旁是茂密的森林，有挺直的白桦树，还有长青的松树，它们仿佛默默守卫的士兵，与流水一起静看四季的变化和沧桑岁月。

驼颈湾是喀纳斯湖的入口处，清澈的河水在这里蜿蜒曲折，形成一个大大的“之”字，这个大的拐弯像极了骆驼弯曲的脖颈，河谷很深且河流湍急。春暖花开时的驼颈湾十分美丽，放眼望去，绿草如茵，漫山遍野的花朵如同一张张笑脸点缀在草丛中。漫步在水边的草地上，吸一口新鲜的空气，心情如蓝天上的白云自由自在。

沿着河谷行走，就来到喀纳斯湖，湖泊好似一个豆荚，湖水清澈，碧绿中带点乳白。若是乘船在湖中游弋，船头犁开波浪，点点碎玉飞溅，惊起的飞鸟掠过湖面，仿佛要惊醒沉睡中的水怪。“喀纳斯水怪”一直是人们念念不忘的喀纳斯景观，很多人认为所谓的“水怪”实际是一种叫作“大红鱼”的长寿鱼。不过，至今人们还没有确切了解到它的生活习性，多次的捕捉都以失败告终。

喀纳斯湖还是一个“变色湖”，每逢春夏季，从4、5月份开始，湖水的颜色随着时间的推移变幻成不同的颜色。五月，青灰；6月，碧蓝；7月，乳白；8月，墨绿；9、10月份，湖水五彩斑斓；到了寒冷的11、12月，湖水冰封，成了白色的世界。

傍晚的斜阳为喀纳斯湖纯然的宁静增添了一丝温暖的色彩，湖边散落的村庄中升起的炊烟让这里又多了些许的人间烟火味，这里犹如世外桃源一般令人心驰神往。

旅游小贴士

地理位置：新疆阿勒泰布尔津县

最佳时节：6月、9月

开放时间：周一至周五 09：00～19：00，周六、周日 10：00～15：00

旅游景点：驼颈湾、喀纳斯湖、月亮湾、卧龙湾、观鱼亭

特色风味：布尔津烤狗鱼、烤馕、烤羊肉串

湖边错落有致地排列着几座极具特色的房屋。

千岛湖 天下第一秀水

位于浙江省淳安县的千岛湖又称新安江水库，因拥有 1000 多个岛屿而得名，是世界三大千岛湖之一。千岛湖以数不胜数的岛屿、澄澈秀美的湖水和美丽的“金腰带”而闻名，如诗如画的风景不知吸引了多少的游人，每一座岛屿上都覆盖着苍翠茂盛的森林，使这里又成为我国面积最大的森林公园。同时又凭借极其优良的水质而享有“天下第一秀水”的美誉。

想要遍览千岛湖的风光，乘坐轮船是必要的选择。俗话说“晴湖不如雨湖，雨湖不如雾湖”，蒙蒙雨雾中的千岛湖有着别样的妩媚风情。轮船在湖面上掀开波浪，划出一道洁白的水线，千岛湖的画卷便徐徐展开，只见烟波万顷，千岛竞秀，群山叠翠，湖面碧波粼粼，湖水碧绿宛如一块通透的翡翠，又好像上好的螺黛，远远望过去更像含羞带怯的少女，在千岛秀峰之间静卧。岸边错落有致地排列着浓郁的徽派风格的建筑，倒映在水面上的房屋与四周的风景相互融合犹如一幅美丽的画卷，意境悠远。

蓝天白云之下的千岛湖景色十分秀美迷人。

新安江是千岛湖的主要水源，千岛湖的美在其开源之处就已经写就。南朝著名的文学家沈约曾写下“千仞写乔木，百丈见游鳞”的感叹；唐代孟浩然也曾写下“湖经洞庭阔，江入新安清”的诗句赞美这里的水流清澈；李白也曾这样描绘新安江之水：“清溪清我心，水色异诸水，借问新安江，见底何如此，人行明中，鸟度屏风里”。在新安江滚滚江水中留下多少诗人吟诵的优美诗句，传唱至今而未衰。

“不上梅峰观岛，不识千岛面目。”位于千岛湖中心的状元半岛上的梅峰观岛是这里海拔最高的岛屿，清澈的湖水在星罗棋布的岛屿间纵横交错，优美的环境使这里被誉为千岛湖最美的地方。登高望远，秀美的湖水宛如碧绿的丝带，而千姿百态的岛屿就是镶嵌在丝带上的美丽饰物，这清新美丽的景色正合于千岛湖“千岛、秀水、金腰带”的美誉。

龙山岛素来以生意盎然的林木、迷人的风光和清新的空气闻名于千岛湖，除了美丽的自然风光，千岛湖还有享誉海内外造型别致的海瑞祠。海瑞曾在淳安担任过知县，实行多项与民实惠的措施，得到淳安人的爱戴，有“海青天”的美誉。

孔雀岛的五彩斑斓、天池岛的桃花幽静、清心岛的自然野趣……每一个岛都有独特的景观，令人目不暇接。伫立船头，看着那起伏的山峦与澄碧的湖水交织变幻出融化人心的美丽风光，令人仿佛忘却尘世的喧嚣，进入到悠然的梦境中去了。

旅游小贴士

地理位置： 浙江省淳安县境内

最佳时节： 9 ~ 11 月

开放时间： 旺季（3 月 1 日至 11 月 30 日）08：00 ~ 17：00，淡季（12 月 1 日至次年 2 月 28 日）08：40 ~ 16：30

旅游景点： 梅峰览胜、猴岛、森林氧吧、天池岛、霭云洞

特色风味： 千岛湖鱼头、茶园豆腐干、红油石斑鱼、鸡汁酱桂鱼

镜泊湖 中国最大高山堰塞湖

杭州西湖、泸沽湖、青海湖……一提起人们所熟知的名湖，它们的浓妆淡抹或雄奇壮丽就会显现在脑海里。而在镜泊湖却有着另外的一番情调，嶙峋的火山熔岩、幽静的湖水和雄奇的瀑布，都充满着古朴和自然的韵味。

吊水楼瀑布。

镜泊湖位于黑龙江省宁安市，是我国最大、世界第二大高山堰塞湖，海拔 350 多米，因湖面澄澈如镜而得名镜泊湖。呈 S 形的镜泊湖面积广阔，全湖可分为上湖、南湖、北湖和中湖四个区域。镜泊湖景观众多，主要有珍珠门、大小孤山、吊水楼瀑布、道士山和火山景观等八大景观，如同八颗熠熠的明珠点缀在青山绿水中。

在这八大景观中，吊水楼瀑布无疑是最为引人注目的。吊水楼瀑布是一座长 100 多米，高 20 多米的大瀑布，因岩石断裂而形成的落水深潭。每年的雨季是吊水楼瀑布最为壮观的时候，是时四面八方的河水汹涌到瀑布潭口，陡然失去重心急速下降，形成呼啸奔腾的壮观景象。在瀑布的不远处建有观瀑亭，每当天气晴好时，潭水上空就会出现绚丽的彩虹，伴着壮观的瀑布形成“浮云堆雪”的奇景。而在枯水期，瀑布的水量减少，原本隐藏在水下的岩石裸露出来，经过瀑布冲刷后的岩石光滑圆润，摸在手中无比清凉。

镜泊湖的湖水非常清澈，整个湖面就像一面边缘不规则的光滑镜面，映照着蓝天白云。在湖面穿梭的游船好像悬浮在空中一般，激起的涟涟水波摇曳着两岸秀美的景色。在湖泊周围，山峦绵绵，陡峭的山崖让镜泊湖有着小三峡一般的壮观景象。

镜泊湖一年四季都有属于自己的景色。春季融化后的雪水滋润着山花野草，呈现一派斑斓绚丽的画面，伴着阵阵清香很是醉人。夏季是镜泊湖一年中景色最为优美的时候，苍翠的青山、汹涌的瀑布、静谧的湖泊，在炎热的夏季带来阵阵清爽。秋季是自然画家一展身手的舞台，艳红的树叶映照在清澈的湖水中格外的静美。镜泊湖的冬季来得比较早，鹅毛般的大雪覆盖整个镜泊湖，晶莹剔透，宛若冰雪世界。

位于湖边的静泊山庄掩映在苍翠的林木之间，那风格各异的建筑装点着这片湖光山色，显得古朴和宁静。在镜泊湖没有登高眺望的灯塔，没有弯弯的拱桥，也没有规模庞大、建造华丽的亭台楼阁，有的只是朴素和自然。

旅游小贴士

地理位置： 黑龙江省宁安市

最佳时节： 6～9月

开放时间： 全天开放

旅游景点： 吊水楼瀑布、珍珠门、大孤山、道士山

特色风味： 酱焖鲫鱼、清炖胖头、干炸红尾、清蒸桂鱼

乘坐游船游览是欣赏镜泊湖最好的方式。

镜泊湖中有小岛，岛上树木葱茏，点缀着楼阁建筑。

亚龙湾 东方夏威夷

湛蓝的天空、明净的湖水、柔软的沙滩……所有这一切在亚龙湾灿烂的阳光下显得光彩夺目。极具浪漫气息的沙滩风情和浓郁的海岛风使这里无愧“东方夏威夷”的美名。

沙滩上准备冲浪的游人。

亚龙湾位于三亚市东南 25 千米处，海湾三面青山环绕，而敞开怀抱的南面海岸好像一弯皎洁的月牙，海水湛蓝，波平如镜，洁白的沙滩犹如一条白色的纱巾围裹着海湾，像极了身披白纱眺望远方的年轻女子。

亚龙湾属于热带海洋性气候，四季如画的风景使它享有“三亚归来不看海，除却亚龙不是湾”的美誉。长达 8 千米的宽阔海滩十分平缓，踩着细腻洁白的沙滩，咸湿的海风吹动着岸边的婆娑椰影，如此闲适的美景，怎能不令人沉醉。你可以在清澈的湖水中潜水，与各种各样的鱼儿嬉戏玩耍，触摸五彩斑斓的珊瑚，感受大自然的神奇造化。

在亚龙湾有关海洋产物的展馆众多，亚龙湾贝壳馆就是其中一个。它主要以贝壳为主题，展厅中展览着各种各样的贝壳，其中包括鹦鹉螺、红翁戎螺及海鸥蛤等众多精美的海螺，亚龙湾贝壳馆是喜欢收集贝壳的爱好者不可不去的地方。在度假区的北部，有一个形状很像蝴蝶的展馆，那就是亚龙湾有名的蝴蝶谷。内部展示着成百上千种名贵稀有的蝴蝶，色彩艳丽，五彩斑斓，让人叹为观止。

如果你认为沙滩是亚龙湾的全部美景，那就错了，登高望远，才算是真正了解了亚龙湾的美。红霞岭是亚龙湾最高的地方，近处茂密的椰林随风摇曳，偶尔从林间的缝隙中露出些许娇艳的红花，在蓝天碧海的亚龙湾中异常醒目。若是在天空晴朗的早晨，可以看那一轮红日渐渐跳出水平面，红似樱桃的霞光映满天空，散发着绚丽迷人的光芒。在红霞岭的顶端坐落着一座好像在打坐的弥勒佛，巨大的佛身和生动的形象宛若真人。在当地人的心中，这是他们的镇海神灵，可以保佑他们幸福安康。

沐浴在阳光之下，喝着甜甜的椰汁，吹着微咸的海风，该是怎样的惬意呀！在这里你可以让凉爽的海风带走一身的疲惫，完全放松心情享受大自然的无穷乐趣。

旅游小贴士

地理位置： 海南省三亚市

最佳时节： 9 月至次年 4 月

开放时间： 全天开放

旅游景点： 森林公园、海底世界、贝壳馆、过江龙索桥、中心广场

特色风味： 椰子饭、三亚椰奶鸡、牛尾煲、灵山粉、琼山豆腐、黎苗蚂蚁鸡

碧蓝的海水，畅游的人群，风光旖旎的亚龙湾。

沙滩上供游人休息的茅草亭。

钱塘江 观潮胜地

“东南形胜，三吴都会，钱塘自古繁华。烟柳画桥，风帘翠幕，参差十万人家……”柳永的一首《望海潮》将钱塘流域的繁华景致描写得淋漓尽致，仿佛流动的《清明上河图》。具有如此灵动的美景必然少不了水的滋润，而钱塘江正是这里的灵魂。

钱塘江并不是其原名，因为河流经过古钱塘县故而得此名，多姿多彩的吴越文化也发源于古钱塘县。钱塘江沿岸青山苍翠，江水清澈碧绿，文人墨客无不为此景所迷醉。若说钱塘江的醉人之处，莫过于钱塘江潮了。“八月十八潮，壮观天下无，鲲鹏水击三千里，组练长驱十万夫，红旗青盖互明灭，黑沙白浪相吞屠。”

千年前大诗人苏东坡如此赞誉钱塘潮的雄浑与壮美。那汹涌的潮水好像万马在奔腾，渐渐从远处飞驰而来，那惊人的气势带给人无限的震撼。

钱塘江作为我国最为壮观的海潮，同时也是世界三大海潮之一，享有“天下第一潮”的美誉。钱塘江的观潮历史至今已有2000多年，其壮观的场面常常令人惊叹不已。在《观潮赋》中顾恺之曾对钱塘江潮的盛况作了详细的描述。此后，钱塘观潮日渐兴盛，并逐渐成为当地的一种风俗。

气势磅礴的海潮绝非人力所能造就，也非大自然随意创造，而是天时、地利完美的结合，鬼斧神工的精心雕琢。每逢中秋佳节，当太阳、月球和地球几乎在同一水平线上的时候，钱塘江掀起的浪花会达到最高，此时是到钱塘江观潮的最佳时候。而杭州湾宛如喇叭的形状也为钱塘江观潮提供了有利的条件。江水进入杭州湾容易但是退出的时候确实有些困难，涌进河道中的大量潮水遇到阻碍便会突然升高，与后面快速前进的潮水形成堆叠之势，一浪拍打着一浪，从而发出巨大的轰鸣声。若是遇见大风特别是台风之时，风助水势，巨浪滔天，巨大的撞击声犹如巨鼓雷鸣，直欲震碎天地。1953年9月的一次大潮中，汹涌的潮水冲出8米高的石墙，将古人制造的1500千克的“镇海铁牛”冲出十几米远，实在是夺人心魄。

若说观潮的最佳地点，那定是海宁盐官，每年此时这里都会云集着众多的观潮者。站在观潮大堤，眼前开阔的江面一望无垠，

旅游小贴士

地理位置：浙江省杭州市

最佳时节：9～10月

开放时间：全天开放

旅游景点：钱塘江潮

特色风味：西施舌、知味小笼、片儿川、猫耳朵、宋嫂鱼羹

江面开阔，一望无垠。

江潮初起。

远处烟波浩渺，水天一色。巨大石块砌成鱼鳞状的石塘弯弯曲曲，好似一条厚重的石墙阻挡着潮水的前进。早晨登上大堤，等待着大潮的到来，期间钱塘江的日出也是壮观无比。一轮红日缓缓地从广阔的水面上升起，艳光四射，映红江面，晕红与昏暗组成了一幅精妙绝伦的画面。

在静静的等待中，带着些许焦急，更多的却是万分的期待。“潮来了，潮来了”，前方的人群惊叫起来，踮起脚尖向水的尽头望去，只见一条白线从天地之间微微泛起，横跨江面。在人们的惊叹中，潮头汹涌奔来，裹挟万千水流，敲起雷鸣鼓声，铺天盖地，吞云吐浪。在人们惊恐的叫声中，潮头撞击坚固的石墙，势不可挡，刹那间无数碎银般的水流从天而降，噼噼啪啪落在地面，溅湿了前排人群的衣服。

杭州湾最壮观的潮水就是变化莫测的交叉潮。在潮水前进的过程中，会形成巨大的水花，从而出现“海面雷霆聚，江心瀑布横”的壮观场面。

登高俯瞰，钱塘江如一条华美的玉带，铺展在江南这个水乡之国，而钱塘江潮无疑是画卷上最为明亮的一笔，那飞扬的雄姿令人见之难忘，当之无愧的世界奇观。

江水平缓的钱塘江在夕阳的点缀下，渔舟点点，平静如画。

黄龙 人间瑶池

与九寨沟相毗邻的黄龙在四川省的阿坝藏族羌族自治州松潘县境内，而黄龙中最为美丽的景色当属彩池、峡谷、雪山和森林。其中最富于变化色彩的五彩池被称为“人间瑶池”，在藏民心中它是金色的海子。

景如其名，黄龙景区内纵横交错着乳黄色的岩石，这些绵延弯曲的钙化景远远望过去就好像是一条条蛰伏的黄色巨龙。在如此多的钙化滩中最长的有1300米，而缤纷的彩池多达3400个，几乎汇集了黄龙的所有精华。

沿着黄龙景区的木质栈道缓缓前行，沿途有密集分布的青翠竹林和潺潺流水，清澈的溪流在岩坎的作用下形成数十道宛若银

五彩池位于黄龙景区的最高处，由693个彩池组成彩池群。

旅游小贴士

地理位置：四川省阿坝藏族羌族自治州松潘县

最佳时节：9～10月

开放时间：08：00～17：00

旅游景点：五彩池、牟尼沟、黄龙寺、扎嘎瀑布

特色风味：洋芋糌粑、九寨柿饼、荞面饼、九寨酸菜面、烤全羊

链的瀑布。沿着小路一直向前，你会看到一个五光十色的彩池群，这就是美丽的“争艳池”。五彩缤纷的彩池争奇斗艳，各展风采，令人目不暇接。那些清澈、透明的池水，一眼就能望到静卧的树干、光滑的池底。不远处静立的茅亭仿佛画龙点睛一般点缀着这恍若仙境的画面，站在亭中遥望，青山秀峰在云雾中若隐若现，蓝天白云映照在幽蓝池水中，加上从雪峰上吹下的微微寒风，异常清冷、静谧。

经过历史的变迁，明朝时为了纪念黄龙真人而修建的黄龙寺，如今已经成为供游人休息的场所。古寺原有三座，前寺只剩遗址，中寺五座大殿保存基本完好，内部供奉有惟妙惟肖的观音像和罗汉塑像。转过黄龙寺，呈现在人们眼前的就是充满神奇变化的黄龙五彩池了。

五彩池位于海拔3900米的地方，是一个由数百彩池组成的彩池群。无数块大小不一的彩池仿佛一颗颗璀璨夺目的宝石，被仙人撒落在碧绿的森林里，蓝绿、海蓝、浅蓝……艳丽奇绝。黄龙彩池主要由钙化体构成，经过阳光的照射变化出许多绚丽的色彩，宛如梦幻的童话世界，令人目眩神迷。澄澈的池水沿着池边漫溢出来，一座座彩池如同交相辉映的玉盘，极其美丽。隆冬时节的黄龙一片银装素裹，漫天飘洒的雪花落在树枝上，如同银树开花，异常美丽。而此时的彩池像极了纯净的美玉，在天地间熠熠生辉。

位于松潘县城西南方向的牟尼沟是新开发的景区，在景区内，汇集了瀑布、湖泊、草甸、森林、溪流、山峰等，其形态不一的

坐落在群山怀抱中的黄龙寺古朴、典雅，修建于明朝，原本是为了纪念黄龙真人，如今是供游人休息的场所。

绚丽多彩的池水宛如一颗颗撒落人间的宝石。

海子可以与九寨彩池媲美，与黄龙的“瑶池”争锋。

在牟尼沟茂密的原始森林深处海拔 3270 米的地方有一处高 93.2 米、宽 35 米的扎嘎瀑布，这是目前我国最大的钙化瀑布。湖水从高处直泻而下，在下端阶梯河床的部分，形成一座座环形的瀑布。瀑布水势凶猛，气势磅礴，在静谧的山林中发出震耳欲聋的轰鸣，一改黄龙景区温润优雅的姿态。

作为岷山主峰的雪宝顶海拔 5588 米，山上长年覆盖着积雪，山的西面、南面和北面都是悬崖峭壁，高不可攀。在雪宝顶的山腰处，地势平缓，湖泊星罗棋布，有海子上百处，形如明镜的圆海，貌若圆月的北海，金字倒映的三角海，方正如城的方海……姿态万千，蔚为壮观。

红星岩是黄龙较为独特的一处景观。鲜艳的红色岩石包裹着不对称的五角星形的湖面，故而这湖又被称为“红星海”。当阳光穿过云雾照射在鲜血染过般的悬崖峭壁上，闪现出诡谲变幻的奇异色彩令人叹为观止。

黄龙的神奇之处在于水，动静之间尽显大自然的鬼斧神工，它那飘逸、灵秀的美，用言语是无法表达的，唯有静下心来才能慢慢享受。

钙华埂是黄龙特有的景观。

秋季黄龙落叶纷飞，是黄龙四季中最美的时候。

大明湖 泉城明珠

夜幕之下的大明湖别有一番风情。

济南素来被称为泉城，城中处处有清泉，潺潺的流水声和遍植的垂柳使这里“家家泉水，户户垂柳”。大明湖清澈的湖水更是把济南浸润得波光滟滟，充满江南水乡的风韵。对于大明湖的印象，最深刻的莫过于琼瑶阿姨的《还珠格格》中的经典桥段：还记得大明湖畔的夏雨荷吗？这个美丽温婉的女子在这里邂逅了值得等待一生的爱情。

大明湖位于繁华都市中一隅，以澄净的湖水和如画般的景色而闻名，成为济南城中一颗耀眼的明珠，从而享有“泉城明珠”的美誉。这里还伴随有美丽的爱情传说，每年慕名来此的游人数不胜数。

大明湖畔有着秀美的风光，同时伴随着“蛇不见，蛙不鸣，久雨不涨，久旱不涸”的奇特现象而被称为是“中国第一泉水湖”。作为一个古老的城市湖泊，大明湖景色秀丽，湖水清澈碧幽，两岸杨柳飘飘，绚丽的花朵竞相开放，不少游人乘坐画舫在湖中漫游，盛开的荷花在风中摇曳，散发着缕缕清香。大明湖一年四季风景不同。春日的大明湖畔一片生机盎然，洋溢着浓浓的春情，平静的湖面上波光粼粼，在阳光的折射下散发出莹莹亮光；夏日，湖中遍植荷花，令人不由地想起杨万里的名句“接天莲叶无穷碧，映日荷花别样红”；秋日湖水中不断有飞舞的芦花，偶尔有飞鸟掠过；冬日银装素裹的大明湖也有着独特的美。

历下亭因南临历山而得名，古时历城八景之一的“历下秋风”便是指此处之景。

美丽的大明湖不仅有着优美的自然风光，岸边还分布着众多的亭台楼阁，如历下亭、湖心亭、遐园等，还有错落有致的长廊水榭，虽是在北方，可是这里却到处弥漫着浓浓的江南水乡风情。这些具有悠久历史的建筑为大明湖更增添了许多文化色彩。

历下亭坐落在大明湖中心的小岛上，因为小岛位于历山下故而便取名为历下亭。随风摇曳的杨柳和碧绿的湖水把历下亭围绕其间，飞翘的檐角、朱红的柱子和青色的瓦片使这座亭子典雅中透着庄重的意味。杜甫曾经和当时的北海太守李邕一起在这里饮酒赋诗，写下了“海右此亭古，济南名士多”的诗句，从而使历下亭名扬四海。在历史变迁的过程中，历下亭也曾几度遭到焚毁，但是后又都重建，如今的历下亭带有浓郁的明清建筑的风格，亭子内部的墙壁上至今还悬挂有杜甫、李邕的画像，还有其他济南名人。当代著名文学家郭沫若也曾在此写下“杨柳春风万方极乐，芙蕖秋月一片大明”的对联。

游人可在此与古人对弈。

遐园整个布局设计是按照藏书楼天一阁的模式建造，内部以假山为屏障，引入溪水使之围绕整个院落，并且遍植绿树，使园内一派盎然生机，建成之后的园林秀美而清雅，藏书量几乎与天一阁相埒，故而有“南阁北园”之称。

大明湖从来不乏名人佳句赞美，“四面荷花三面柳，一城山色半城湖”赞的就是大明湖如诗如画之景。

旅游小贴士

地理位置： 山东省济南市

最佳时节： 6～8月

开放时间： 11月1日至次年3月31日06：00～17：30，4月1日至10月31日06：30～18：30

旅游景点： 南丰祠、汇波楼、北极庙、历下亭、遐园

特色风味： 碧筒饮、香脆荷花瓣、奶汤蒲菜、湖菜鸡块

羊卓雍错 藏地圣湖

在藏民的心目中，羊卓雍错是西藏的圣湖，如珊瑚枝般蜿蜒交错的形状，藏民们亲切地称呼它为“上面的珊瑚湖”。羊卓雍错位于西藏山南地区的浪卡子县，以优美的山水景色冠绝藏南，站在湖边可以很清晰地看到那些深深浅浅变化无穷的蓝，好像一颗光彩夺目的宝石，因此，羊卓雍错在藏语中被称为“碧玉湖”。

羊卓雍错简称羊湖，湖边丰美的水草吸引着众多的牧民来此放牧，成群结队的牛羊在湖边悠闲散步，在蓝天、白云、青山、绿水的映衬之下组成一幅美丽的画卷。正如藏民高歌的那样：“天上的仙境，人间的羊卓。天上的繁星，湖畔的牛羊。”羊湖上岛屿众多，时常会有各种水鸟在这里栖息游玩。若是有幸来到这里，或许还可以欣赏到天鹅、鹭鸶、沙鸥等群鸟齐飞的壮观画面，充满了自然野趣之美。

碧波荡漾的羊卓雍错。

这里的湖水蓝得澄澈、纯净，近在眼前却又好像远在天边。它如同一袭绝美的蓝色袍子，在阳光的照射下，闪烁出不同的蓝

色光芒，极具层次感。如果站在不同的位置观看羊卓雍错，你会发现它有着不同的形状。站在岗巴拉山眺望，羊湖宛如一个月牙嵌在群峰之间，散发着幽幽蓝光。又如一位在群山之间无拘无束入睡的少女，宁静而安然。

碧蓝如洗的羊湖美丽而纯净，从流传下来的传说中我们知道，它其实是仙女的化身。羊湖曾经有互不连接的 9 个小湖，但是空行母益西措杰在向空中扔出 7 两黄金的同时许下愿望，于是这 9 个小湖就连在了一起，形成一个蝎子形的湖泊。位于圆布多岛屿上至今已有数百年历史的宁玛派小寺就在蝎子的心脏位置。在当地人心中，羊卓雍错还是三大圣湖之一。羊卓雍错与纳木错、玛旁雍错并称“西藏三大圣湖”。羊卓雍错能跻身三大圣湖之列，不仅因其在三湖之中面积最大、形状最特别、色彩最多变，有着冠绝藏南的湖光山色之无双胜境，而且因为此地有着深厚的佛教文化。这里的佛教氛围非常浓厚，附近不仅有莲花生大师的手印，还有历史悠久的桑丁寺庙，更有虔诚的藏族佛教信徒每年花费一个月时间骑马绕湖一周以示诚心。总之，羊卓雍错在藏民心中的地位非常重要。

羊卓雍错因其纯洁的湖水而被称为“世界上最美丽的水”，在这里烦躁的心灵可以得到净化。

旅游小贴士

地理位置： 西藏自治区山南地区浪卡子县

最佳时节： 9 ~ 11 月

开放时间： 全天开放

旅游景点： 羊卓雍错

特色风味： 酥油茶、糌粑、青稞酒、藏族酥酪糕

羊卓雍错是藏民们心中的三大圣湖之一。

漓江 淳朴的自然乐园

遇龙河被人们称为“小漓江”，宛如“小家碧玉”令人怦然心动。

漓江发源于广西越城岭的猫儿山，流经兴安县灵渠口，后来在荣江镇附近与灵河汇合后始称漓江。漓江自上源头的灵渠口至终点的平乐三江口风光皆有不同，其中尤以桂林漓江风景区的青山、秀水和齐洞、美石最为著名。“江作青罗带，山如碧玉簪”是漓江山水风光最真实的写照。

“小小竹排江中游，巍巍青山两岸走……”桂林的山水与广阔无边的大海和如诗如画的西湖不同，这里的山和水相互环绕，是彼此不可分割的一部分。若是乘坐竹筏在薄雾迷蒙的江间穿行，两岸连绵的青山和高悬的瀑布逐渐展现在眼前，似幻似真的美景就好像意境幽远的山水画，无愧其“桂林山水甲天下”的美誉。

桂林山水的历史十分悠久，相传在1500多年前就已经成为旅游胜地。顺江而下的竹排在澄明如镜的江水上划开一层层涟漪，秀丽的山水风光，使游人忘记了烦恼。漓江就好像一条精心裁制的碧绿丝带，在山峦之间曲折环绕。遇龙河素来被称为“小漓江”，它是阳朔境内漓江最长的一段支流。在这里，你看不到具有现代化气息的建筑，也不会有都市的嘈杂喧嚣，只有令人心旷神怡的田园美景，这里是最为淳朴、原始的自然乐园。

“群峰倒影山浮水，无山无水不入神。”水光潋滟的漓江与两岸连绵的青山相互掩映，变化不定的云雾使峭立的山峰呈现出不同的形态，时而秀美婉约，时而妩媚迷人。

象鼻山可以说是桂林的象征，远远望过去，与站在江边把鼻子伸进水里喝水的大象极为相像。沿着山的西面拾级而上可达到顶端，在山上有一对象眼岩，远远望过去像极了大象的眼睛。在大象右眼下方的位置上有一个半月形的水月洞，每到晚上月亮刚升起来的时候，象鼻山与水月洞一起组成了一道靓丽的风景线。“水底有明月，水上明月浮。水流月不去，月去水还流。”宋代的文人墨客用这样优美的诗句表达对水月洞的赞美。

旅游小贴士

地理位置：广西壮族自治区东北部境内

最佳时节：4～10月

开放时间：4～11月08:40～22:40，12月至次年3月08:40～21:40

旅游景点：漓江精华游、黄布倒影、留公村、超然派景区

特色风味：啤酒鱼、尼姑素面、马蹄糕、豆蓉糯米饭、桂林松糕

象鼻山因为像极了站在江边喝水的大象而得名，此外，这里还有着十分秀美的风光。

变化多端的霞光为漓江披上了一层彩色的外衣。

漓江边上的独秀峰可以说是桂林的“众山之王”。南朝宋文学家颜延之有诗云：“未若独秀者，峨峨郛邑间。”独秀峰挺拔秀丽，四壁如削，登临其上可饱览漓江美景。独秀峰的山下有保存完整的具有浓郁明代风格的藩王府和斑驳的明代城墙。藩王府内景色优美，自然风光与建造者匠心独运的工艺完美结合，达到天人合一的境界，可以毫不夸张地说“阅尽王城知桂林”。

漓江风光就像一幅意境悠远的水墨画，在宣纸上晕染出朦胧的美，而江畔的阳朔为这宁静之美增添了些许的热闹。在2014 年的中国最美丽县的名单之中，阳朔以秀美迷人的景色高居榜首，成为中国最美县。古代时候的阳朔属于荆州零陵郡，直到隋朝才开始改名为阳朔。阳朔的民间表演艺术非常有特色，最著名的要数歌乐和斋醮，桂剧和彩调也是作为地方剧种也发展的相当有规模，各种演出非常活跃。

傍晚夕阳西下，两岸翠柳在落日余晖的映照下，散发出淡淡光晕，宛如仙境般令人沉醉入迷。几叶渔舟往来穿梭于江上，颇有渔舟唱晚的意蕴。

大自然用它神奇的画笔创造了漓江这样一幅美丽的画卷，古朴秀美的渔村屋舍、变幻多端的景色令身处其间的人心神摇动，啧啧称奇，无怪古人有“桂山之奇，宜为天下第一”的感叹。

漓江山水风光。

赛里木湖 天山蓝宝石

赛里木湖位于新疆的博尔塔拉蒙古自治州博乐市，坐落在美丽的天山中，一直以来其秀美的风光不知吸引了多少的游人。干净而纯洁的湖泊没有一丝瑕疵，如同上帝手中高贵的蓝宝石，在灿烂的阳光下折射出耀眼的光芒。

旅游小贴士

地理位置：新疆博尔塔拉蒙古自治州博乐市境内

最佳时节：4 ~ 10 月

开放时间：全天开放

旅游景点：赛里木湖

特色风味：烤全羊、串烤肉、薄皮包子、抓饭

湖边成群结队悠闲散步的牛羊。

湖边蜿蜒曲折的公路。

冬季的赛里木湖。

落日余晖下的赛里木湖给人一种安然、静谧之感。

赛里木湖在古时被人们称为“净海”，登高眺望，一眼便可窥见赛里木湖的全景，整个赛里木湖呈椭圆形，衬着蓝天白云更显神圣美丽。如此美丽的赛里木湖却有着哀婉的传说。相传，在这片纯净的地方，美丽的切丹姑娘和英俊的雪得克相爱了，他们原本过着幸福美满的生活。但是有邪恶的魔王迷恋上了切丹姑娘的美貌，于是有一天就把她抓进了魔宫。勇敢、倔强的切丹姑娘誓死不屈服于魔王，并最后找机会逃脱了魔宫。但是在逃跑的过程中被魔王追赶，无奈之下她跳进了深深的泥潭之中。当雪得克得知消息匆忙赶来后，切丹已经陷入泥潭中，无法挽救了。悲伤之下，雪得克也跳入泥潭之中殉情。这对恋人至死不渝的恋爱感动了上天，于是泥潭变作水潭，这就是后来的赛里木湖。

来到赛里木湖，最不可错过的便是“赛湖跃金”这一美景，这也是赛里木湖吸引众多游客的原因之一。日出日落时分的赛里木湖，有着不同于往日的美。当天光拂晓之时走出帐篷，在朦胧暗色中静静等待那冲破云雾的晨曦。当一条条变换的蓝色、紫色云霞在空中飘舞的时候，天地之间呈现出一种奇异的景致，空气中氤氲着丝丝雾气，一切是那么的不真实，如同美丽的童话世界。当一缕阳光冲破云雾闪出金色的光芒时，映照得整个湖面一片金光粼粼。若是这时恰有一群飞鸟掠过，那美妙的景色更是美不胜收。天光大亮、云雾散去，赛里木湖露出了本来的面目，清风拂过蓝色湖面，四周一片静谧，令人不忍打破这片刻的安宁。当炊烟升起，牛羊开始在湖边漫步，赛里木湖热闹的一天又开始了。

除了碧蓝的湖水，赛里木湖还有遍山的野草鲜花作为点缀，它深居内陆，就像是未经世俗浸染的赤子，任外界如何喧嚣，我自保持本色，令来访者欢喜赞叹、流连不忍遽去。

然乌湖 西天瑶池

然乌湖与川藏公路紧紧相靠，因此很多旅行者才知道了这座位于西藏昌都地区八宿县内的美丽湖泊。然乌湖是山体滑坡而形成的堰塞湖，在藏东众多的堰塞湖中，22 平方千米的面积使然乌湖成了藏东一带面积最大的湖泊。

在经过川藏公路的时候总是可以看见它安静地依偎在那里，四周围绕着茂密的森林、丰沛的草地，组成了然乌湖如诗如画的美景。但是任谁都不会想到，如此美丽的湖泊却有一个不是那么美丽的传说。相传湖中以前有一头水牛，而岸边有一头黄牛。一天，两头牛不知为何发生了争斗，它们互相对比较量，但是最后都因为伤势严重而死。它们死后就变成两座大山，而中间的湖泊就是然乌湖，因此，然乌湖也被称为“尸体堆积在一起的湖”。

紧挨然乌湖的川藏公路。

旅游小贴士

地理位置：西藏昌都地区八宿县境内西南

最佳时节：深秋季

开放时间：全天开放

旅游景点：然乌湖、瓦村

特色风味：酥油茶、甜茶、奶渣、青稞酒、牛羊肉

然乌湖的湖水澄澈纯净，湛蓝的好像天空掉落的眼泪，散发着莹莹光辉，令人倍感怜惜，在当地人心中然乌湖就是一位圣洁的“女神”。周围的雪山是然乌湖湖水的主要来源，当阳光照射大地，气温回升的时候，雪山上的雪便开始融化，沿着崎岖蜿蜒的潜流汇入湖中，保证了然乌湖充足的水源，湖的另一半向西倾泻使之汇入帕隆藏布江，这是雅鲁藏布江的重要支流之一。

高大壮观的拉古冰川位于然乌湖的北面，它也是然乌湖的水源之一。然乌湖的美丽，不仅在于一湖之美，更在于以它为心中心的众多美景。明镜般的湖面倒映着蓝天白云和四周之景，更使群山环绕之中的然乌湖增添了些许的妩媚。洁净的然乌湖水滋养了周围大片的土地。近湖坡地青葱翠绿的松柏、湖边如茵的草甸、独特而美丽的民居以及湖畔晒着太阳的成群的牛羊，还有那一片一片生长着的青稞、油菜，都为这纯洁之乡增添了许多的生活气息，犹如一幅田园牧歌般的生活画卷。

具有浓厚自然气息的木屋。

距离然乌湖不远的地方，有一座名为“瓦村”的村子。村子里有很多藏东南一带典型的木屋建筑，屋顶铺的都是不加修饰的原木，具有浓厚的自然气息。每当晨昏时分，阳光斜照在具有浓郁藏南风情的屋顶上，朴实而独特的风景使这里成为然乌湖一道靓丽的风景线。

然乌湖的美景令人陶醉，然乌湖湖边热情好客的居民令人心暖，这些共同组成了然乌湖独一无二的景致。这里俨然就是陶渊明笔下的世外桃源，真实而又动人。

湖边排列错落有致的田园。

黄浦江 上海人的母亲河

黄浦江从淀山湖流出，在白渡桥与吴淞江融合后流入长江。经过上海市区的黄浦江将上海市一分为二，分别是浦东和浦西。黄浦江两岸美景无数，可以说汇集了上海的精华，在上海人心中它就是母亲河。

黄浦江是历史上最早人工修凿疏浚的河流之一。关于其开凿，有一个传说：很久以前，上海是一片沼泽地，沼泽地中央有一条江，雨多则涝，雨少则旱，百姓深受其害。战国时楚令尹黄歇来此，不辞辛劳地勘测清楚，带领百姓疏浚大江，使之向北直接汇入长江并随之泻入东海，从此大江两岸终于太平。百姓感激黄歇的恩德，便将这条大江称作黄歇江，简称黄浦。

外滩可以说是汇集上海的精华，故而它也被称为黄浦滩，共长 1.5 千米，东靠近黄浦江，从南面的延安东路开始，向北直至

在许多民国剧中出现过的白渡桥再现了旧上海的风貌。

旅游小贴士

地理位置：上海市黄浦江

最佳时节：四季皆宜

开放时间：全天开放

旅游景点：浦东、浦西

特色风味：汤包、百叶、排骨年糕、小绍兴白斩鸡、城隍庙五香豆、桂花糖藕

万国建筑群就好像一颗散发着莹莹光辉的明珠点缀在外滩上。

苏州河外白渡桥。来到上海，外滩是不容错过的一个地方。风格迥异的建筑、灯光璀璨的夜景和江畔不断涌起的浪潮，实在令人心醉。

外滩就好像一个温顺、乖巧的孩子，静静地依偎着黄浦江，这里不仅有传统的中国建筑，还有极具异域风情的西方建筑，其中以“万国建筑群”最为醒目，这里包括了高耸尖塔的哥特式建筑、富丽辉煌的巴洛克式建筑、神秘庄重的罗马式建筑等。黄浦江的对岸还有东方明珠电视塔和上海中心大厦等众多上海的标志性建筑。

夜色渐浓，都市里亮起了灿烂的霓虹灯，此时的外滩是一天之中最美的时候，林立的摩天大厦在黄浦江边展示着自己的绰约风姿，十里洋场的夜生活就这样拉开了序幕。那挺拔的东方明珠就好像一位羞涩的少女，在江面上晕染开自己的青春气息；高耸入云的金茂大厦和环球金融中心，在人们举起的闪光灯下被映衬得更加金碧辉煌；拔地而起的上海中心则像一条出水蛟龙腾跃升空。外滩如水晶宫般流光溢彩的夜景丝毫不逊色于香港，它向所有的人展示着上海的繁华与绚丽。

黄浦江孕育了上海，这座海派城市里有的不只是浪漫的异国情调，还有现代大都市的繁华与喧嚣。有了上海的点缀，黄浦江不仅仅只是一条集饮用、航运、排洪等功能于一身的河流，而更多了一种独特的文化意蕴。

日出十分安详静谧的黄浦江。

泸沽湖 高原明珠

位于四川省凉山州盐源县与云南省丽江市交界处的泸沽湖四周群山环绕，蔚蓝清澈的湖水在葱郁的林木掩映下如明镜般莹莹生辉，它既是四川最大的淡水湖泊，又是云南第二深的淡水湖，素来被誉为“高原明珠”。

3000 米的高原上，湖水烟波浩渺，在晨光里闪耀着晶莹明澈的光芒。碧波荡漾的湖水中盛开着一朵一朵的白色小花，名为海藻花，玲珑的植株在清风中摇曳，嫩黄的花蕊散发着幽幽清香。泸沽湖很像一弯皎洁的明月，又好像一颗纯净的宝石。它有着婀

夕阳下的泸沽湖。

旅游小贴士

地理位置： 四川凉山州与云南丽江市交界处

最佳时节： 3 ~ 5月、9 ~ 11月

开放时间： 08：00 ~ 18：00

旅游景点： 泸沽湖、草海、大落水村、里格村、黑喇嘛寺、走婚桥、情人树

特色风味： 酥理玛酒、猪膘肉、烤鱼干、牛干巴

娜多姿的曲线和此起彼伏的山峦，崇林叠嶂间依稀可见片片沙滩。湖中有三岛，像一只只小船泊在湖面，岛上有郁郁葱葱的树木，漫步其间，还可以听见鸟儿欢快的歌声，甚至还可以见到古老而富有特色的水上行宫。

在湖的北岸有一座峻秀而美丽的大山，名字叫作格姆山，它是这里最高的山峰，在当地的摩梭人心中，它也是一座神山。高耸入云的山峰犹如粗壮的玉柱，悬崖峭立，深山荒谷中有郁郁葱葱的林木。登高望远，泸沽湖的美景尽收眼底，蔚蓝的湖水澄澈明净，好像一面跌落人间的宝镜，熠熠生辉，不愧有“高原明珠”的美称。在山的另一端，有一段蜿蜒的深谷，山谷中有淙淙的清泉，“泠泠”的水声在谷中回荡，小巧玲珑的萨隆洞就隐藏在这座山谷中，静谷中还会不时传来鸟儿的鸣叫，此时的格姆山异常迷人。

漫步在泸沽湖，偶尔会听到悠扬的歌声，清亮的嗓音划过平滑如镜的湖面，飘荡在山峦林间，深沉而又缠绵，与山中群鸟合鸣。这里的摩梭人能歌善舞，“情满花满楼”是摩

梭人的大型舞蹈，表达了他们对大自然的敬畏与崇拜。或许正是这种虔诚，美丽的泸沽湖才会孕育出如此的灵性。

古老的“走婚”制度是摩梭人独特且引人注目的民俗风情。摩梭人总是以“阿夏”称呼自己的另一半，他们终其一生都不会离开自己的母亲，无论男女都不结婚，即便是有有着亲密关系的伴侣，他们也都各自的家庭。摩梭人的婚姻与汉族有着很大的不同，通常是男方走访女方的家，爬过花楼，然后在那里住宿，直到第二天清晨再回到自己的家中，故而摩梭人称自己一生在谈恋爱。因为这种婚姻是由男方“走”出来的，故而被称为是“走婚”。有时想想，正是这种缺少束缚的婚恋才真正符合人性，少了世俗的纠缠与烦恼，才会更加纯真。

泸沽湖蜿蜒曲折的水岸。

静谧，是泸沽湖畔予人的最鲜明印象。无论你心中有多少愁苦与烦闷，只要在湖畔静立片刻，用心凝望这神秘又美丽的泸沽湖，就能获得一种不可思议的平静。别怀疑，泸沽湖就是有这样神奇的力量！

抚仙湖 云南大地上的明珠

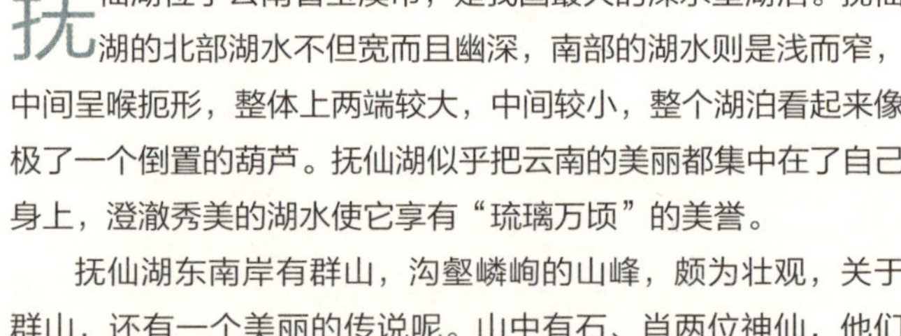

抚仙湖位于云南省玉溪市，是我国最大的深水型湖泊。抚仙湖的北部湖水不但宽而且幽深，南部的湖水则是浅而窄，中间呈喉扼形，整体上两端较大，中间较小，整个湖泊看起来像极了一个倒置的葫芦。抚仙湖似乎把云南的美丽都集中在了自己身上，澄澈秀美的湖水使它享有“琉璃万顷”的美誉。

抚仙湖东南岸有群山，沟壑嶙峋的山峰，颇为壮观，关于群山，还有一个美丽的传说呢。山中有石、肖两位神仙，他们相互手搭着肩膀站立在小舟之上遥望远山之景。他们被眼前秀美的水光山色吸引了，从而忘记了返回天庭，时日渐久，二仙便化作了山间巨石，屹立在湖的东南边。在这里乘舟游览，可以见到仙人留下的足迹，故而这里取名为抚仙湖。还有另外一种说法是西面有一拔地而起的山峰，形状酷似竹笋，直冲云天。远远观望又如同一位手抚碧水姿态飘逸的仙人临湖而立，故而得名抚仙湖。无论哪种说法，抚仙湖名字的由来都与仙人有着不可分割的联系，抚仙湖的美景由此可见一斑。

美如明镜的湖水中悠悠飘荡着的红色小船。

“澄江色似碧醍醐，万顷烟波际绿芜。只少楼台相掩映，天然图画胜西湖。”与西湖的烟雨之美不同，抚仙湖的水胜在清莹、透彻。蓝绿色的湖水在清风中掀起滚滚白色巨浪由远及近，如朵朵莲花，又如光芒闪烁的银色链条，无论风浪多大，湖底的泥沙也不会泛起浑浊。时至今日，抚仙湖仍然清澈如昔，如明珠般绽放在云南大地上。

除却美景，抚仙湖还有许多令人意想不到的惊喜和谜团。在幽深的抚仙湖底，考古学家们在这里发现了两座高大巍峨的阶梯状的建筑和一座极具异国风情的圆形建筑，尤以阶梯状的建筑最为壮观。其中一座阶梯状建筑分为三层，自下而上渐窄，最下面的一层宽 60 米，中间的一层宽 32 米，最上面的一层宽 18 米。远远望过去整个建筑约有 5 层楼那么高。而另外一座阶梯状的建筑则更加宏伟，每一层都连接有小台阶，也是自下而上渐窄，远远望过去如同埃及金字塔般壮观。另外抚仙湖还有许多的未解之谜困扰着人们。颇为奇特的一个现象便是“两湖相交，鱼不往来”。“界鱼石”在抚仙湖和星云湖之间，两湖中的鱼每每游到这里就会奇迹般地转头往回游，不再前进，于是“界鱼石”之名就由此而来。这些流传千年的遗迹和谜团，为这座以美著称的人间仙境增添了许多神秘色彩。

旅游小贴士

地理位置：云南省玉溪市

最佳时节：3 ~ 9月

开放时间：08：00 ~ 19：00

旅游景点：禄充、樱花谷、阳光海岸、环湖路

特色风味：澄江莲藕、铜锅鱼、洋芋焖饭

碧绿的湖水清澈见底。

楠溪江 秀美长河

楠溪江在浙江省魏州市永嘉县境内，长度大约为 140 千米，紧挨着雁荡山与缙云仙都，这里有典型的河谷地貌风景、如诗如画的秀美风光、千奇百怪的岩石、古老而淳朴的村落、茂密的枫林……若能乘一小舟缓缓而过，欣赏四周美景，定是别有一番趣味。

楠溪江石桅岩高耸入云，堪称溪中天柱。

秀美的江水、奇特的岩石、古老的村落、飞溅的瀑布和美丽的滩林是楠溪江最为引人注目的景色，蜿蜒曲折的长河有三十六湾、七十二滩，山与水相互交融形成这里独特的秀美风光，人与自然的和谐相处又赋予了这里深厚的文化韵味。“水是青罗裙，山如碧玉簪”的楠溪江如一位秀丽婉约的江南女子吸引了无数的文人墨客，晋代书法家王羲之、唐朝诗人孟浩然、宋代文学家苏轼……他们在这里寄情山水，抒发感慨，留下了许多令人称赞的佳作。

楠溪江或缓，或急，沿着山势迂回而下，一路风景不断：远处的连绵青山，近处的碧水蓝天，两岸连绵不断的滩林，后面古老的村落、田园，这一切组成了一幅优美的山水画卷。一望无际的林海，仿佛天然的绿色屏风，生气勃勃地立在南溪江畔，遮蔽着散落的古村落，使它们尽可能保持着原来的风貌。无论是远古时期的文化遗址，还是近古时期的古建筑都可以在此找到踪迹。在这里甚至还可以找寻到保存宋代耕读文化的遗迹。

楠溪江的众多古村林坑保存得较为完整。700 多年的悠久历史使这里处处透着原始而古老的韵味。青山绿水间零散分布着结构精巧的木屋，这些木屋大多依山而建，看似凌乱无序，其实错落有致。而且这里的民居古朴而沧桑，最古老的一座具有 200 多年的历史。每当夜幕降临，潺潺流水中，一座座小桥若隐若现，袅袅而起的炊烟为这美景增添许多的烟火气息，俨然是一幅水墨画。

楠溪江的文化积淀也非常深厚。两宋时期，这里出现过著名的“永嘉学派”、“永嘉四灵”，在中国文学史上有不容忽视的影响。这里还是永嘉昆剧的发祥地，为戏剧大家庭贡献出不少精品剧目，至今仍传唱不衰。

钟灵毓秀的楠溪江有峭拔的山峰，有碧绿的河流，有壮美的滩林，更有浓厚的文化气息，古老的遗迹在这里随处可见，若是向往山水之乐，自然之趣，那么楠溪江算是一处不错的选择。

旅游小贴士

地理位置：浙江省温州市永嘉县

最佳时节：3 ~ 5月、9 ~ 11月

开放时间：08：00 ~ 19：00

旅游景点：狮子岩、十二峰、太平岩、龙瀑仙洞

特色风味：永嘉田鱼、沙岗粉干、楠溪香鱼、楠溪杨梅、楠溪素面

小舟在层层涟漪中轻轻飘荡。

林坑虽处于偏僻的山村，但却是摄影爱好者热衷之地。

玛旁雍错 西天瑶池

巍巍的冈底斯山脉好像一条苍龙横卧在广袤的高原上，那挺拔耸立的冈仁波齐峰犹如擎天玉柱让人们感叹大自然宏大的手笔。但大自然并不只有粗线条的勾勒，也有细腻的描绘。玛旁雍错就静卧在山峰下，依偎着巍峨的冈仁波齐峰。玛旁雍错是西藏三大圣湖之一，也是我国透明度最高的淡水湖，因是亚洲四大河流的发源地，也有着“世界江河之母”的美誉。

月色下的玛旁雍错，清新秀丽。

玛旁雍错位于海拔 4587 米的高原上，知名度并不逊于近旁的神灵之山。早在唐朝时期唐玄奘就曾在《大唐西域记》中称玛旁雍错为“西天瑶池”。在佛经中湖泊被誉为“神湖之王”，信徒们认为因山顶的积雪融化而汇聚的湖水是圣水，能够消除身体上的病痛和心灵上的疲惫，所以每年的玛旁雍错都会有无数的信徒绕湖膜拜。而且佛经中还写到玛旁雍错湖底有广财龙王的龙宫，里面聚集着庞大的财富，108 座泉眼会不时地将财宝赐给有缘人或是有福报的人。因此在绕湖时，信徒们就会时常捡一些奇异的石子或是飞鸟落下的羽毛，认为这都是广财龙王对有缘人的赏赐。

比起羊卓雍错和纳木错，玛旁雍错的神灵之性在三大圣湖中独一无二，这里是无数信徒们的朝圣地。但若论起景色的优美，在很多游人看来玛旁雍错不及羊卓雍错。据当地的藏民说，玛旁雍错的景色是需要常驻于此才能看到的，那千变万化的景色只有静心凝视、细细品味才能领略得到，匆忙而又无法静心的游人是无法感受到玛旁雍错全部的美色的。

夏季晴朗天气下的玛旁雍错是最美的，一碧如洗的天空和白雪皑皑的神山倒映在幽蓝深邃的湖水中，果然有一种夺人心魄的震撼美感。转湖的时候，朝圣的信徒们顺时针围绕着湖水表达着对神灵的崇拜，虽道路艰难却不能磨灭心中的那份虔诚。在圣湖的周围有八座寺庙分布在八方可供信徒转湖的时候休憩，里面都珍藏有珍贵的文物。这些寺庙不够恢宏大气，香火也不够旺盛，但它们自有一种庄严肃穆的气度令你折服。

随着转湖的信徒们沿着圣湖一步步的行走，在充满肃穆的气氛中，玛旁雍错静静的展现着它优美的身姿，承载信徒们的无限希冀。

旅游小贴士

地理位置： 西藏自治区阿里地区普兰县

最佳时节： 6 ~ 10 月

开放时间： 全天开放

旅游景点： 玛旁雍错、聂过寺、果足寺、加吉寺、朗那寺

特色风味： 青稞酒、酥油茶、糌粑、酥酪糕

玛尼堆和白塔。

玛旁雍错壮丽的秋色，冈仁波齐峰耸入云端。

黄河 母亲河

“黄河之水天上来，奔流到海不复回……”在滔滔的历史长河中，无数的文人墨客写下了许多辞藻华美的诗歌赞美、歌颂黄河波澜壮阔的美。波涛汹涌的黄河从巴颜喀拉山一路向东狂奔，夹裹着无尽的泥沙穿山越谷，最终汇入渤海。对于华夏子民来说，黄河不仅仅是河水，而是孕育了无数人的乳汁，中华文明在它的怀抱中诞生。几千年来，滔滔不息的黄河水，以其创造的辉煌文明和壮美的姿态被世人所敬仰和赞誉，同时也被人们亲切地称为“母亲河”。

黄河的源头在青藏高原巴颜喀拉山北面山脚下的约古宗列盆地，从高原之上蜿蜒而下，途经黄土高原和华北平原，最后奔腾入渤海。黄河干流长 5464 千米，流域面积十分广大，约有 79.5 万平方千米，复杂的地势形态使黄河沿途景色丰富多彩。如果把黄河的景色分为上游、中游、下游三个部分，每个部分的景色都令人难忘。从黄河的源头到内蒙古自治区托克托县河口镇是黄河的上游，此时的黄河还没有经过黄土高原，河水还是十分的清澈，美丽的湖泊、幽深的峡谷……使这里的景色呈现出一种苍凉雄阔的美。从河口镇蜿蜒至河南省郑州市的桃花峪是黄河的中游，这个阶段的黄河水势十分汹涌，奔腾不息的黄河从黄土高原冲刷而下，夹裹着滚滚泥沙，威猛慑人，其中最为引人注目的是壶口瀑布。而从桃花峪到入海口是黄河的下游，由于地势平缓，泥沙在这里堆积，形成著名的“地上悬河”。

蜿蜒的黄河呈“几”字形静卧在北方的大地上，从高处俯瞰异常壮观。“自古黄河九十九道湾，九十九个滩”，携带着泥沙的黄河似如椽大笔随意地在广袤的土地上勾勾画画，汹涌的河水随着笔尖，百转千回，绘就了一幅鬼斧神工、波澜壮阔的长河奔流图。

“大漠孤烟直，长河落日圆”，虽然不知道唐代大诗人王维的诗句写于何地，夕阳西下，站在沙坡头的高处远眺，黄沙大漠、滚滚黄河、如血残阳、星星绿洲仿佛一张静止的照片令千百年前的诗景复活。

除却长河落日，九曲十八弯的黄河还有无数风景可供欣赏和玩味，如青海青铜峡、兰州黄河铁桥、黄河母亲雕塑、宁夏沙坡头、山西壶口瀑布等，这些都让我们看到黄河雄浑壮阔的大美，古人及今人也曾多次以诗文赞美之，如“黄河落天走东海，万里写入胸怀间”“黄河西来决昆仑，咆哮万里触龙门”“黄河万里触山动，盘涡毂转秦地雷”“巨灵咆哮擘两山，洪波喷箭射东海”等等。可黄河一旦真的发起怒来，淹没良田千顷、毁坏房屋无数，无疑也是令人胆寒的。历史上黄河曾多次决堤，给黄河中下游地区的百姓带来极大的损失，所幸的是，古有大禹治水，今有三门峡、小浪底等水利枢纽防洪、防涝、灌溉、供水、发电，合理地控制并利用黄河，使它真正地造福于万民。

黄河以雄浑壮阔的姿态盘踞在华夏民族的土地上，孕育了中华五千年的文明，是当之无愧的母亲河。

旅游小贴士

地理位置： 流经青海省、山东省等9个省（自治区）

最佳时节： 四季皆宜

开放时间： 全天开放

旅游景点： 沙坡头、壶口瀑布、黄河铁牛、小浪底工程、花园口

特色风味： 羊肉泡馍、古法蒸鲤鱼、吕梁莜面、黄河湾大烩菜

奔腾的黄水带着泥沙滚滚而下。

黄果树瀑布 银练飞瀑

黄果树瀑布素来以连绵不绝的瀑布群和宽度闻名于世，是当之无愧的“华夏第一瀑”。徐霞客在游览了黄果树瀑布之后发出了“高峻数倍者有之，而从无此阔而大者”的感慨，这是对黄果树瀑布再贴切不过的描述了。

黄果树瀑布位于贵州北盘江支流的白水河，形成的原因是河床受侵蚀断裂。瀑布以气势宏大而著称，77 米的巨大落差，101 米的水流宽度，100 米 / 秒的水流速度，还没有走近便可以听见瀑布声犹如轰鸣，响彻云霄，好像有千万匹马在奔跑。

雨后天晴的黄果树瀑布景色是最为美丽的。此时，薄薄的云雾笼罩着，瀑布在水汽间缥缈，影影绰绰，偶尔有绚烂的彩虹悬挂两端，犹如一座架起的七彩飞桥。瀑布两侧绿树茵茵，随意轻摇，底端的水潭清澈见底，水面流光波动，长满青苔的石头似乎在水底摇曳。

季节的变化也会引起瀑布的变化，当雨水少的时候，瀑布的水量会随之减少，相反当夏季雨水增多的时候，瀑布水量也会随之增加，惊天动地的气势令人十分震惊。飞溅起的水流好似挥舞的白纱，曼妙无比，冲天而落的水滴宛若天女撒下的玉珠。若是站得近些，水珠落在脸上，还有些疼。若把夏季的瀑布看作是激昂无比的交响曲，那么冬日里的瀑布就是一曲安静的小提琴独奏。因水量减少，几缕轻轻下泻的水流显得妩媚无比，清脆的水声就像大自然的安眠曲，抚慰冬日里陷入沉睡的生灵。

还记得 86 年版《西游记》中的水帘洞吗？那个真实的景观就是在这里拍摄的。水帘洞在黄果树瀑布山腰处，洞长 134 米，在洞内有 6 个洞窗、5 个洞厅和 3 个洞泉，另外里面还有 2 个瀑布。从洞中向外观看大瀑布：左侧险峻的山峰上密布着苍翠的树木，右侧低矮的奇石夹缝中生长着不知名的花草，在微风中摇曳身姿，下方的潭水在承受水流冲击之后急速流淌。果然景致独特，别有洞天！

与声势浩大的瀑布不同，天星桥的美则充满了灵秀之气。天星桥在瀑布的下游，这里一共分为天星盆、天星洞和水上石林三个部分，怪石、秀水和葱绿的林木、奇特的石洞是这里最美的景观。“风刀水剑刻就万顷盆景，根笔藤墨绘制千古绝画”，准确地描述了景区的神韵。在这里处处皆有灵性，“有水皆成瀑，是石总盘根”，清可见底的溪水、盘绕纵横的树根，还有光滑圆润的石头，仿佛千古绝画动起来一般。

行走在黄果树，犹如绸缎般的瀑布飞泻而下，从远处眺望，黄果树瀑布就如同一幅浑然天成的山水画，宏伟壮观的气势令人沉醉不已。

旅游小贴士

地理位置：贵州省安顺市镇宁县

最佳时节：6 ~ 10 月

开放时间：全天开放

旅游景点：黄果树瀑布、水帘洞、天星桥、万寿宫、陡坡塘瀑布、坝陵河大桥

特色风味：罐罐鸡、花江狗肉、糯米饭、破酥包、烧烤香猪、荞凉粉

壮观的大瀑布。

长江 世界第三长河

长江的风光雄奇中带着壮美，它以恢宏的气势和宽广的胸怀孕育了华夏民族灿烂的文明，在这里无数的文人墨客留下了不朽的诗篇。

“你从雪山走来，春潮是你的风采。你向东海奔去，惊涛是你的气概……”长江的源头在唐古拉山的格拉丹东雪峰上的冰川，经过近 7000 千米的蜿蜒最后汇入东海。长江途中不仅经过的地势十分复杂，有高原、盆地、山地、丘陵和平原，而且还有 180 万平方千米的广阔水域。在这庞大的流域内，中华文明的曙光开始点亮，各种远古时期的文明在此兴起，成为人类的发源地之一。

晨曦初现，长江之上一片金光粼粼。

在长江的众多美景中三峡的美丽无疑是最为引人注目的，它就像是王冠上灿烂的宝石一样光彩夺目。三峡长 192 千米，西起白帝城，东到达南津关，两岸风光旖旎，人文底蕴深厚，共同构成一幅壮美绮丽的山水画。

瞿塘峡作为长江三峡的开端大概有 8 千米长，可以说是三峡中最为险峻的地方。峡谷口两岸如削，岩壁高耸，犹如将要闭合的大门，长江水在这里由缓变急，潮流汹涌，声若雷吼，蔚为壮观。此处也即古称的夔门，山壁上有“夔门天下雄”崖刻大字。瞿塘峡虽然不是很长，但是却有着“镇全川之水，扼巴鄂咽喉”的气势。从峡谷口乘船沿江东下，白帝城、犀牛望月、凤凰饮泉等美景一一呈现面前，令人目不暇接。

巫峡是三峡中最美的一处风景，西起大宁河口，东至官渡口，长 40 多千米。巫峡之景幽深中透着秀美，是三峡之中最值得细赏的。江水的两岸有连绵不断的青山，像极了瞩目远眺的仙女，与波光粼粼的江水相互交融，形成一幅写意山水画。神女峰在巫山十二峰中最为俏丽，在云腾雾绕间，山峰若隐若现，仿佛一位深情的娉婷少女注视着远方。“放舟下巫峡，心在十二峰”，诸峰绮丽如画，姿态万千。

千百年来无数的文人墨客在巫峡这段美景中留下痕迹，除了十二峰的动人故事外，还有陆游古洞、“楚蜀鸿沟”题刻及神女庙遗址等名胜古迹，可谓处处有景，景景相连。

在三峡中最长的是西陵峡，西起香溪口，东到南津关，全长

旅游小贴士

地理位置： 流经青海省、上海市等 11 个省、市、自治区

最佳时节： 四季皆宜

开放时间： 全天开放

旅游景点： 长江源、三江并流、虎跳峡、三峡、入海口

特色风味： 酸酢鱼、十碗八扣、野味嘎嘎鸡、“老九碗”宴、峡口明珠汤、三游神仙鸡

巫峡两岸青山不断，绮丽俊秀的景观冠绝天下。

长江三峡中西陵峡最长，约 76 千米。

约 76 千米。西陵峡有很多弯弯曲曲的峡口，异常险要，如兵书宝剑峡、灯影峡等风景独特的峡谷。大峡、小峡相互嵌套是西陵峡独特的景观，奔腾不息的河水快速前进在狭窄的山谷中，撞击在岩石上发出震天的响声，就好像沸腾的开水。如此壮观的美景自然少不了文人墨客的吟咏歌唱，白居易、欧阳修、苏轼等历史名人都曾来过这里游览，并且留下了千古绝唱。另外，这里还有昭君故里、屈原故里等名胜，为这里增添了浓郁的历史文化气息。葛洲坝建造之后这里的水势趋于平缓，开始渐渐发挥航运的作用，经常可以见到帆船在其中航行。

长江宛若一条巨龙从青藏高原直泻而下，汇入东海，江水奔流，汪洋恣肆，给沿岸带来了财富，也带来了灾难。“截断巫山云雨，高峡出平湖”，三峡大坝的建成给这条充满野性的巨龙戴上了紧箍咒，在合理的范围内利用长江造福于民。

夕阳下的长江笼罩在一片橘红色的余晖中，壮丽而不失柔美。长江以宽广的胸怀哺育着华夏民族以及这片广袤的土地，是它孕育了灿烂的华夏文明。

夕阳下的长江笼罩在一片橘红色的余晖中。

九寨沟 人间天堂

九寨沟是水的天堂，这里的水澄澈晶莹，散发着纯净、清新的气息。坐落在四川省境内的九寨沟不仅有着美丽的自然景色，还有着浓郁的藏族风情，这里有苍翠的海子、多彩的林木、重重叠叠的瀑布和圣洁的雪峰，也有荷叶寨、树正寨等独具特色的九个寨子，九寨沟的名字也就是从这里来的。

旅游小贴士

地理位置：四川省阿坝藏族羌族自治州九寨沟县漳扎镇境内

最佳时节：9～10月

开放时间：4月1日至11月15日 06：30 ～ 18：00，11月16日至次年3月31日 06：30～17：00

旅游景点：诺日朗瀑布、五花海、熊猫海、长海珍珠滩瀑布

特色风味：糌粑、奶渣包子、酥油茶、洋芋糍粑

对于九寨沟来说，水就是它的灵魂。这里分布着众多的海子，这些海子其实就是深涧中的湖泊，低头探看，水底的一切清晰可见，原本碧蓝的颜色随着阳光和季节的不同变化出不同的颜色，就好像一色彩明丽的油画。

在九寨沟的所有海子中，最富于变化色彩的一定是五花海，五花海素来被称为“九寨一绝”“九寨精华”。登高俯瞰，那清澈的湖水闪现着蓝宝石般的颜色，俨然是一只羽毛丰满的开屏孔雀，晶亮中透着莹莹的绿色。周围山坡上林木茂盛，苍郁葱茏，影映湖底，碧幽青翠。若是入秋以后，山坡上更是一片绚烂，色彩缤纷，湖水的色彩也随之而变，斑驳迷离。清澈透底的湖水中水草繁盛，茂密如毯，水底的石头相互交错，那些树干或者树枝落在水里有的竖着，有的倾斜着，姿态各异，具有分明的层次感。

长海作为九寨沟中面积最大的海子，不仅有宽广的水面，还有美丽的曲线。长海面积广阔，没有出口，水量大，但夏季时水不满溢，冬季时水不干涸，被称为“装不满、漏不干的宝葫芦”。长海的颜色好像是一层层的蓝色堆叠起来的，故而尤为深邃。两边是连绵的青山，对面还有积雪长年不化的雪峰，异常的圣洁美丽。长海一年四季的景色都很迷人，春季百花映红，夏日草木茵茵，秋季栌枫斑斓，冬日琼花玉树，令人叹为观止。“独臂老人柏”常年伫立在长海边，在人们看来它就是长海的守护者。

清澈见底的湖水倒映着山间林木，景色异常秀美。

悬泉飞瀑水从山间小林中缓缓流过，幽静而安宁。

这里因为经常有熊猫出没，故而被称为熊猫海。熊猫海子的水异常清澈透明，四周耸立的山峰、青葱的绿树、晴朗的天空、飘浮的白云倒映在水中，这是大自然最真实的画作。冬天的熊猫海就好像一块晶莹剔透的美玉，纯洁无瑕。

藏语“诺日朗”有伟岸高大的意思，诺日朗瀑布也像它的名字一样雄伟。诺日朗瀑布以 270 米的宽度和 24.5 米的高度成为九寨沟瀑布群中最壮观的一个，同时也因此成为我国的最宽瀑布。滔滔水流奔腾而来，凌空直下，如白练横空，银河飞泻，隆隆水声震颤山谷。站在瀑布前面的观景台上，水汽蒙蒙，玉珠飞溅，若是遇见晴朗的天气，还可以见到彩虹高挂在山谷的上空，瀑布也因此更加迷人。

珍珠滩瀑布有一个美丽动人的名字，这里的水流就好像它的名字一样莹润白皙，引人注目，但它呈现出来的气势却是九寨沟瀑布中最猛烈、惊人的，直泻而下的水撞击在谷底，溅起朵朵浪花，在阳光下闪烁着晶莹的光芒。珍珠滩瀑布的上端较为平坦，游人甚至可以在上面行走，1986 年版《西游记》的片头中，唐僧师徒牵马涉水的场景就是在此地拍摄的。这里的流水因为是由高山冰雪融化而成，所以水温较低，就算在酷暑，走在瀑布上仍然会觉得丝丝寒意。

九寨沟如同一幅长画卷，把世间的美丽都收入其中，层林尽染，散发着如梦幻般的色彩。只有去过九寨沟的人，才会真正明白“九寨沟六绝”夺人心魄的美。

珍珠滩瀑布是九寨沟内一个典型的组合景观，是《西游记》里唐僧师徒牵马涉水的地方。

虎跳峡 万里长江第一大峡谷

相传，曾经有一只非常凶猛的老虎从山上下来经过金沙江，在腾空跳过江水的时候，点了一下江中的礁石，于是这里便被称为虎跳峡。3900 米的落差使虎跳峡成为世界上最为幽深的峡谷之一。

当金沙江犹如一位欢快的青年从雪域高原缓缓走下，离开了迷人的香格里拉，带着意犹未尽的不舍来到另一处名胜之地——丽江，缓慢前进的步伐被守护丽江的玉龙、哈巴两座大山阻挡，在两山之间的虎跳峡经过一番激烈的碰撞之后，金沙江的水流变得异常凶猛，汹涌奔腾的水流在山谷中发出了巨大的声响，响彻云霄，令人震惊。

虎跳峡中游两岸群山高耸，疾速前进的水流撞击岩石，形成震天绝响。

虎跳峡总共分为三段，上虎跳峡是其中最为狭窄的一段，而中虎跳峡和下虎跳峡则较宽一些。在上虎跳峡的江水中间横卧有一块巨石，它就好像一道闸门把江水分成了两半，相传这块石头就是那只凶猛的老虎借跳的石头，因而被称为虎跳石。诗人孙髯翁有诗赞曰：“劈开蕃城斧无痕，流出犁牛向丽奔。一线中分天作堑，两山夹斗石为门。”在中虎跳峡，江岸边有峭立的悬崖，江水中间横立着许多礁石，急速奔腾的浪涛在山间左冲右撞，发出巨大的轰鸣声，湍急的瀑布撞击在岩石上形成大片的水雾，汇集在江面上有一种朦胧的美。若说有一个地方能够欣赏虎跳峡全景，那定是下虎跳峡，它位于虎跳峡出口的地方。下虎跳峡地势宽阔，在此驻足，既可看峡也可观连绵群山，白雪覆盖的玉龙、哈巴，远远望过去一片银装素裹。

虎跳峡向来以雄奇壮观著称，峡谷两侧玉龙、哈巴两座山峰遥相对应，高耸峭立。玉龙雪山海拔 5596 米，山顶长年积雪，云雾缭绕，山腰怪石嶙峋，草木苍苍，山脚岩石毕露，直入江底。哈巴山耸入云端，沟壑深邃，山脚被江水日夜冲刷。在两座极力闭合的山峰之间，金沙江犹如巨大的咆哮水龙势不可挡。除了山险，这里的水也十分的凶险，两岸的峭壁在经过了日夜奔腾不息的流水的侵蚀后，松动的岩石很容易坍塌，掉落在水中就成了十分危险的暗礁。峡谷自上虎跳峡至出峡口落差 210 米，水流湍急，狂奔咆哮着，翻起巨大的浪花，构成了一种摄人心魄的山水奇观。在这片荒野之中，大自然让你领略到原始野性的魅力，奔流不息、怒吼不止的江水震荡着山谷，也震荡着你的心。

旅游小贴士

地理位置：云南省迪庆藏族自治州香格里拉市

最佳时节：4～6月、9～10月

开放时间：09：00～16：30

旅游景点：上虎跳峡、中虎跳峡、下虎跳峡、桥头镇、核桃园

特色风味：虎跳峡土鸡、丽江粑粑、琵琶肉、鸡豆凉粉

湍急的水流携万马奔腾之势滚滚而来，场面蔚为壮观。

猛虎咆哮可谓是虎跳峡的标志。

第三章

情与迷的人间乐土

宏村 中国画里的乡村

如果让我选择一种悠闲居住的古民居类型，不会是北京城里方严规整的四合院，也不是湘西临河而立的吊脚楼，那一定会是白墙黛瓦的徽派民居。那黑白分明的线条在蓝天下，仿佛是一幅浓墨写意的中国山水画卷，极具美的神韵。而在这样的徽派民居中，宏村无疑是最佳代表。

宏村，始称“弘村”，因清时避乾隆讳而改名为宏村。村落位于安徽省黄山市黟县，依山傍水，在青山绿水的怀抱中已有900多年的历史。

还没到宏村之前，就听说宏村的村落布局堪称古镇的“中华一绝”，亲见之后不得不赞一声：妙！整个村落是按照牛形布局，北部青山是高昂的牛首，村落中高低错落的民居是牛身，在村内蜿蜒曲折的溪流是牛肠，风景最美的月沼是牛胃，汇聚溪水的广阔南湖被当作牛肚，而在溪流上凌空飞架四座古桥就是雄健的牛腿，如此形象生动的布局构思可谓匠心独运，让人叹为观止，也

宏村被誉为徽派特色的代表，白墙黛瓦，碧水蓝天，静谧之中散发着山水画的神韵。

创造了宏村“浣汲未防溪路远，家家门前有清泉”的好环境。

进入村中，穿行在古老的街巷中，一片静谧悠然的景象：斑驳的石板桥、风格清简的民居、掉了漆显得古旧的大门、静幽幽的溪水……让人沉醉。在村中月沼的景色最为优美。月沼是一个半月形的人工池塘，是村民洗衣、孩童玩耍的地方。至于为何是半月形的，据说还流传着很多故事，其中以胡重娘的故事最为凄美。据说胡重娘的丈夫是商人，常年经商在外，几年难得一见，于是她就出钱修建了这个月沼，以半月之意寄托相思之情。千百年来，涟涟的水波如重娘望穿秋水的情思萦绕在月沼之畔，诉说离肠。

南湖位于宏村的南面，古村仿牛形建筑的两个牛胃之一。

南湖是村中景色最为优美的地方之一。湖水水波荡漾、碧幽清澈，每当夏季到来，一望无际的荷叶铺满整个湖面，望之令人心醉。要是夕阳西下，湖边的垂柳掩映湖中，风景如画。还有一座古桥直通村里，斑驳的板桥在湖水的氤氲水汽中若隐若现，显得虚无缥缈，好似仙境。

月沼半月形，又称“牛小肚”，水平如镜，四周青石铺展，是古村另一个牛胃。

古村中的民居虽然看似凌乱，但是有着一定的层次布局。整个民居是以正街为中心，向四周延展，鳞次栉比的庭院楼阁在千年的风霜中依然屹立不倒。古镇中至今仍有数百幢保存完好的古

旅游小贴士

地理位置：安徽省黄山市黟县

最佳时节：3～4月，10～11月

开放时间：07：30～17：30

旅游景点：宏村南湖、南湖书院、德义堂、月沼、敬修堂、承志堂

特色风味：麻酥糖、红烧桃花鳜、绿豆兜、手剥笋

民居建筑，规模宏大。这些高墙深宅的院落建造精细，砖雕、石雕和木雕随处可见，精美华丽，彰显徽派建筑之美。历史悠久的宏村也是蕴藏浓郁的文化色彩，那些民居的匾额和楹联上留有很多诸如“传家有道唯存厚，爱世无奇但率真”“快乐每从辛苦得，便宜多自吃亏来”“嚼诗书其味无穷，敦孝悌此乐何极”等名言警句，尽显治家修身的理念。几乎每个民居之中都会有书房，内部装饰古朴雅致，反映出当时的宏村居民崇文重教、推崇儒术，寄托着诗书传家的期望。

保留的民居中被喻为“民间故宫”的承志堂最为气派古典，是宏村保存最完整的民居建筑。据说当年的屋主人汪定贵在经商发达之后，耗费无数钱财花费近六年的时间修建了这座规模宏大的民居宅院。整个院落建造细腻，每一块砖瓦都透露出建造者的精心和智慧，那些边边角角看似普通寻常，细察之却处处透露出主人的苦心经营。在这些构造中，雕刻可以说是徽派艺术雕刻中的精品，手法娴熟，层次丰富，技艺高超，图案别致。其中最为好看的是那幅著名的百子闹元宵图，画面上形象生动的儿童有百个之多，神态各异，让人喜爱。

“青山依旧水相伴，神牛奋蹄天地间”，状如“青牛”的宏村静卧青山碧水之间，远离世俗、规避红尘，那如中国画一般的山水民居景致无不让人感叹这是天赐的神韵。

唯美的宏村景色。

黄姚古镇 广西千年小镇

曾有人这样描述："黄姚古镇如同一本古旧的诗集，被人遗忘在图书馆僻静的书架上，当人们不经意地走过，翻开这美丽的篇章，古朴而优雅的格调立即征服了人的心。"黄姚古镇有悠久的历史，深厚的文化底蕴，还有喀斯特地貌造就耸立的奇峰和幽深的溶洞，所有这些无一不透露着盎然诗韵。

旅游小贴士

地理位置：广西壮族自治区贺州市境内

最佳时节：秋、冬季

开放时间：全天开放

旅游景点：文明阁、宝珠观、古戏台、天然亭

特色风味：田螺酿、豆豉蒸排骨、黄姚豆豉鸡、黄姚米粉肉、黄姚豆腐酿、黄姚大红扣

黄姚古镇有著名的“六多”，分别是“山水岩洞多、亭台楼阁多、寺观庙祠多、祠堂多、古树多、楹联匾额多”。古镇的建筑多为两层砖瓦房，始建于明嘉靖年间的古戏台，虽久经风雨，但仍保存得相当完好。每到过节日的时候，这里就会十分热闹，有时还会有临近的剧团在这里表演。

兴宁庙建于明朝万历年间，依山傍水的优越地理位置使兴宁庙与周围的景色相互融合，仿若浑然天成，它的左边是鼓乐亭，右边是牌坊。亭子顶部的雕饰惟妙惟肖，百年之后的今天色彩依旧鲜艳，可见古镇艺人雕刻艺术之精湛。清澈的石溪从兴宁庙前蜿蜒流过。从左侧天然石门进入庙中，一块平整的露天石台豁然现于眼前，而庭院右侧则是一片翠竹和一堆嶙峋怪石，而且其中一块怪石上长了一株榕树，整体意境甚是幽雅奇特，历来被诗赋大家所称赞。

古镇的主街和弯弯曲曲的小街以九宫八卦之局排列，彼此之间互相缠绕，形成一座巨大的迷宫，令人迷失其中。由于交通的不便，青石板铺就的大街小巷完整地保存了下来，蜿蜒延伸如飞舞的青龙，因风雨的浸染而显得古朴幽深，在斑驳的瓦房间若隐若现。绕过这些石板小路，一家名为“偶然间”的客栈豁然出现在眼前，青砖灰瓦下是斑驳的墙皮，看着虽有些破败，但是走进里面却别有洞天。这是小镇有名的酒吧文化客栈，隐匿在绿荫之中，客栈前是坚实稳固的带龙桥，溪水潺潺，颇有“小桥流水人家”的美妙意境，吸引了许多的游客。

小桥流水、浓郁苍翠的林木使黄姚充满了灵动的气息。

朱家角 上海水乡第一镇

江南多古镇，优美的淀山湖畔也孕育着一个景色优美、历史悠久的古镇——朱家角，这座临水的古镇清幽静雅，仿佛一位古典美人。

朱家角据说早在宋元时期就已经建村成镇，直至明朝中期才正式取名珠街阁，后来在清朝中期，朱家角得到充分发展，经济繁盛，遂定名为珠里镇，俗称为角里。

优越的自然环境和便捷的水路交通是朱家角得以快速发展的主要原因，有“上海威尼斯”“沪郊好莱坞”的美誉。朱家角以布业名震江南，被誉为“衣被天下”，是江南有名的商业重镇。除了布业，米业也是朱家角兴旺发达的关键。清朝初年，朱家角抓住机遇，借助地理优势，大力发展米市，是时商贾云集、店铺林立，有“长街三里，店铺千家”的说法。到了民国时期，米市发展更加兴盛，各种米店商铺有百家之多。

得天独厚的朱家角孕育了商贸云集、店铺里林的商业重镇，同时因优美的水乡风景也被誉为“江南明珠”。

旅游小贴士

地理位置：上海市青浦区

最佳时节：3 ~ 10 月

开放时间：08：30 ~ 16：30

旅游景点：淀山、一线街、课植园、珠溪园、城隍庙、慈门寺、放生桥

特色风味：清水大闸蟹、银鱼、鳝糊面、羊肉面

朱家角风景名胜、旅游资源异常丰富。古街幽弄，是朱家角的特色，石板老街、乌篷船游、精巧板桥、青瓦白墙、深宅古巷……无不妙趣横生。全镇不仅有“一山一湖”之风光，更有“一桥、一街、一寺、一庙、一厅、一馆、二园、三湾、二十六弄”之妙景。

真山真水方显江南水乡特色。朱家角坐落于淀山脚下，点缀在淀山湖畔。淀山之中群峦绵延，树木苍翠，郁郁葱葱。湖域面积广大，湖水清澈，登山观湖，可欣赏夕阳西下时朱家角优美的景色。

“到了角里不看桥，等于角里勿曾到。”朱家角有古桥 36 座，最著名的桥是江南最大的五孔大石桥——放生桥。放生桥建于明代万历年间，横跨于漕港河上，呈五孔拱形，全长 70.8 米，宽 5.8 米，高 7.4 米，被誉为“沪上第一桥”。大桥结构精巧，线条柔美，犹如一条玉带在河面延展，那五个大小不一的半圆桥孔形似道道彩虹将桥身加固，在百年风雨中依然保存完好。半圆形的桥孔与清澈的河水相互映照构成大小不等的圆，被称为“井带长虹”，成为朱家角“十景”之一。古镇河流纵横，形似密网，9 条老街随着蜿蜒的河流曲曲折折，相依相偎。民居临河而立，密密匝匝，白墙黛瓦，非常典雅。北大街是沪上第一大街，全长 1000 多米，两侧建有保存完好的明清建筑。街道狭窄，最宽处不过三四米，屋顶屋檐几乎相连，每当阳光直射时，只留下窄窄的一道光线，所以又称为“一线街”。街道上店铺林立，有“长街三里，店铺

放生桥长如带，形如虹，由此产生的“井带长虹”为朱家角十景之一。

课植园是朱家角最大的庄园式园林建筑，环境幽静，风光独好。

千家”之说，是朱家角最繁华的街道。

朱家角的园林以“课植园”为最。园林建于 1912 年，因园主人自号农圃，有耕读的意味，所以取名“课植”。整个庄园由厅堂区、假山区、园林区三部分组成。厅堂区是主人主要的生活区，有头厅、二厅、三厅、迎宾厅和藏书楼。园林区是整个庄园最精华的部分，内有观戏厅、逍遥楼、荷花池、课植桥、藕香亭、钓鱼台等。各个建筑布局巧妙，结构精致，气势宏大。在逍遥楼顶可俯瞰古镇全貌，各处景色秀丽柔美，让人心生惬意。碑廊内有明代著名才子祝枝山书写的“梅花诗”碑刻、文徵明的《游西山诗》、唐寅的诗文石刻等，尽显深厚的文化底蕴。园林区亦称稻香村，与读书楼相呼应，诠释“课读之余，不忘耕植”之意。

以“水木清华，文儒辈出”来形容朱家角真是毫无过誉之嫌，这里诞生过清代金石学家王昶、清末通俗小说家陆士谔、御医陈莲舫、南社诗人陆灵素、上海《申报》创始人席玉福、著名实业家蔡承烈等诸多著名人物，他们都为朱家角留下珍贵的文化遗产。如今的朱家角沿着这条源源不断的文化源泉，继续吸收着各种特色，丰富着群众文化，在人们的日常生活中扮演着重要角色。

在古镇朱家角，幽深的老街、精致的亭台楼阁、流水潺潺的小河，古韵悠悠，亦真亦幻。在这里，每一座古桥都是一段说不尽的历史和故事，每一条古街都在时光的冲刷中刻满印记，这是一个值得驻足细赏的地方。

一线街是上海市保存最完整的明清第一街，是当地明清建筑精华所在地。

西塘 吴根越角

乌篷船是西塘的一大特色。

有着悠久历史的吴越文化曾在西塘诞生并发展，因而西塘被称为“吴根越角”“越角人家”。风景优美的古镇即使是斑驳的墙壁也散发着古老的意蕴。夕阳的余晖为古镇披上了柔美的晚装，漫步其中仿若置身于梦境般令人只愿沉醉不醒。

西塘在元、明时期逐步发展成为富庶、繁华的大集镇，一度商业繁盛，人口密集，因此才留下来今日的古镇美景，瞧那小桥流水，渔舟唱晚，令人不得不发思古之幽情啊！古桥将小镇连接起来形成“人家在水中，水上架小桥，桥上行人走，小舟行桥下，桥头立商铺，水中有倒影”的美妙之景。戏台上才子佳人的故事不知流传了多少个日夜，夜幕下灯火闪耀的西塘不知迷倒了多少游人，一曲《唐宋元明清》便把蕴含“春秋的水，唐宋的镇，明清的建筑，现代的人”的西塘描述得淋漓尽致。

西塘不仅古桥多，而且弄堂也多，在这里还可以见到许多的廊棚。在众多的古桥中，环秀桥的历史可谓是源远流长。据说，在晴朗的天气里站在桥上可以看到远处太湖边的青山。若乘船而过则宛如穿过碧玉环，而步行则犹如行走在彩虹之巅。西塘狭长而幽深的弄堂约有百条，有的长超过百米，宽却不到一米，形成罕见的“一线天”景观。这些弄堂是根据古镇的商业发展而命名的，比如油车弄、石皮弄等，其中石皮弄是最具特色的露天弄堂。石皮弄位于西塘下西街，始建于明朝末期，两边高高耸立着山墙，弄堂十分狭窄，有的地方只有 0.8 米，全长大概有 68 米，站在一端，一眼望不到尽头。西塘还有一个独特之处就是这里有许多的廊棚。这些廊棚都建造在靠近河边的街道上，这些廊棚全都是黛瓦覆顶，深沉而质朴。廊棚下边有小贩售卖各种各样的小商品，有些很是精巧，耳边传来操着不同口音的游客讨价还价的声音，颇为有趣，时间就在这闲庭信步间悄然溜去。

旅游小贴士

地理位置：浙江省嘉兴市嘉善县

最佳时节：春季

开放时间：全天开放

旅游景点：倪宅、西园、醉园、廊棚、石皮弄、塔湾街

特色风味：嘉善黄酒、粉蒸肉、八珍糕、芡实糕、“六月红”河蟹、麦芽塌饼、薰青豆、大头菜、馄饨老鸭煲

水墨画般的西塘让人心醉神迷。

西塘狭窄而幽深的小巷。

夜幕下的西塘散发着迷人的光彩。

西街是西塘的主要街道之一，有着水乡典型的街道风貌，有些宽度仅容一人挑担换肩，打开窗户便可倚窗而谈，抬头仰望即可见延伸的屋檐之间晾晒的衣被，这些都为古镇增添了浓浓的生活气息。说起古镇的商业街，必定绕不过民国时期繁荣一时的塘东街。此处多有酒楼，曾有“胥塘河边处处楼”的说法。这里的文化独具特色，虽则重商但不轻文，儒家文化的熏陶与浸染处处都有体现，“宁可架满尘，愿天下无病”，这副百年老字号药店门前的对联就充分体现了儒家的“仁”“和”思想。

烧香港是西塘很有趣的一个地方，只看名字可能会叫人误解，它并不是要把香港烧掉的意思，其实是因为这里有着很多的寺庙，很多有信仰的人都来这里烧香祭拜，以求得平安幸福，故而名为烧香港。除了云集的寺庙之外，这里还有许多其他的景点，如明清木雕馆、五福桥等。

这里有看不完的风景，赏不完的美丽，放慢脚步，感受历史的印记。褪色的红砖青瓦，斑驳的廊柱与雕饰，它们在风雨中久久矗立，向每一位游人诉说自己的故事。

变化多端的霞光为西塘披上了一层绚丽的外衣。

周庄 明清商业大镇

周庄地处江苏昆山西南，与上海市、吴江市接壤，吴淞江、娄江横穿东西，优越的地理位置使这里一度成为商业大镇。踏进古镇，抬头便可看见许多古色古香的古典宅院和数十个壮观的砖雕门楼，由此可以想象周庄当年的繁华富饶。

乘坐小船游览小镇，别有一番趣味。

现在，这里的民居大多还保持着明清时期的建筑风格，古朴而典雅的宅院和砖雕门楼在小桥流水的映照下愈发古朴静谧。潺潺流水穿街而过，小小乌篷船载着游人穿梭其中，让人想见当时的水乡生活。

周庄沈万三，关于他的致富传说在周庄可谓妇孺皆知，众说纷纭，其中颇具传奇色彩的是聚宝盆一说。据说他曾看见一个农夫捕捉了数百只蛙，于是心生不忍，请求农夫放生，哪知第二天发现所有的蛙聚集在一个盆内没有散去，他倍感奇怪，便将盆带回家。起初，他并没有理会这个盆，直到有一天他妻子在洗手时，无意间头上的银钗掉入了盆中，就在这时候发生了奇迹，银钗溢满了盆，于是沈万三就成了富甲天下的富豪。

沈万三为后人留下了许多传世佳话，透过沈厅和色香味俱全的“万三蹄”人们再追寻沈万三当年的传奇。沈厅是沈万三的后代在乾隆时期建造的，是一座“前庭后院”的建筑，前楼和后楼中间通过过街楼和过道阁相连接，从而形成走马楼。“松茂堂”是正厅，当中悬挂有“积厚流光”的匾额，四周还有几乎可与网师园相媲美的浮雕。

旅游小贴士

地理位置：江苏省昆山市

最佳时节：春、秋季

开放时间：全天开放

旅游景点：沈万三故居、富安桥、双桥、沈厅、怪楼、周庄八景

特色风味：万三蹄、三味汤圆、清蒸鳜鱼、蒸焖鳝筒、莼菜鲈鱼羹、姜汁田螺、炖豆腐干、焐熟荷藕

在周庄的老桥上信步游览，品味两岸怡然的风光，看到的是水中舟穿桥而过，听到的是柔美的吴侬软语。一杯清茶，一方木质桌椅，一碟阿婆菜，好不惬意。有水便有桥，水造就了周庄的婉约，有了水，古朴而沧桑的小桥才有了风韵灵气，才充满了诗情画意，才使文人骚客醉倒其中。沧桑的岁月变化赋予了周庄桥说不尽的韵味，双桥便是其中之一。一幅《故乡的回忆》让周庄双桥从此闻名于世，相互连接的世德桥和永安桥像极了古代的钥匙，故而双桥又名“钥匙桥”。碧水之上两桥如互相依偎的恋人，浑然一体，游客都要在此留影。曾经的 APEC 会议贸易部长非正式会议让各国元首留恋周庄的美景，赞叹周庄古朴醇厚的乡情。

夜幕降临，大红灯笼高高挂在屋顶之上，更显得小镇古朴静谧。

周庄从不缺少人文底蕴，古往今来无数文人雅士在此流连，留下许多美谈和诗篇：西晋文学家张翰因“莼鲈之思”而抛官弃爵；唐代诗人刘禹锡因开仓赈灾被贬曾寓居于此，当地人刻其名篇《陋室铭》以志纪念；南社巨子柳亚子曾在周庄迷楼与同好会谈会饮，留下无数诗作。更有浪漫、自由的女作家三毛在这里留下了她的足迹，她悄无声息地来，又无声无息地走，静谧、悠然的周庄留下了她的点点足迹。

过惯了城市生活的你如果来到周庄，站在古色古香的水乡小镇中，恍惚之间，仿佛隔绝了嘈杂的人和事，一切都变得简单。俗话说“上有天堂，下有苏杭，中间夹个周庄”，这话一点不假，不信你来看看，在慢摇的船橹中感受静谧的古韵，好好欣赏一番周庄水乡的美丽。

大雪飞扬的周庄一片银装素裹。

大理古城 云南历史文化中心

一部《天龙八部》为大理披上了一层神秘的面纱，同时也让大理印入了许多人的脑海中。其中大理世子段誉温文尔雅，举止有礼，诗书满腹，玉树临风，又武艺高强，颇有侠名。最让人津津乐道的便是他与王语嫣的浪漫爱情。才子佳人的故事让人久闻不厌，回味不绝，神秘的大理古城也因此成为让人魂牵梦萦的地方，许多人在这里寻找属于自己的梦。

大理古城位于云南大理白族自治州所辖县级市——大理市内，自古代南诏国开始，大理市一直都是云南地区的政治、经济和文化中心，在长达500多年的时间里，大理不断被改造、扩建、完善。悠久的历史和灿烂的文化赋予大理醇厚的古韵，大自然的慷慨赠予更为大理增添了无限风光。

阳光明媚的大理古城。

漫步大理就好像在品味一段厚重的历史，它神秘且充满无穷的魅力。大理外雄内秀，具有浓厚的历史韵味。古城始建于明朝洪武年间，外形方正，四面建有城楼，敦厚的墙体连接四方，显得古朴大方。现仅存南面和西面部分古城墙。城内街道纵横，素有“九街十八巷”之称，深街幽巷，黛瓦白墙，别致而又优雅。走在古城里，清泉叮咚，游人如织，在几分雅致中尽显清新明丽、光彩照人。悠然漫步，有几座古建筑很是引人注目，被誉为“天下第一楼”的五华楼是南诏国的国宾馆，饱经沧桑，吸引了众多的游人驻足欣赏。文献楼始建于康熙年间，具有浓郁白族特色的建筑风格，极其雄伟壮丽。

在大理，最引人注目的莫过于崇圣寺三塔，这是大理的标志。崇圣寺三塔建造于南诏丰佑年间，至今已有1000多年历史。主塔名千寻塔，高69.13米，南北两座小塔高43米。三塔经受住了千年的风雨，时至今日依然雄伟庄严，正如主塔前石碑上所题的“永镇山川”，它以坚定的姿态守护着大理这个美丽的地方。

古老而静谧的大理，西接苍山，东临洱海，温暖而又明朗的风光使大理成为西南大地上一颗耀眼的明珠。在这幅多姿多彩的画卷上，风花雪月犹如一朵朵娇艳盛开的花瓣，各具其色，芬芳迷人。

下关的风犹如大理白族姑娘手中轻柔的袖卷，带着缕缕的香气，轻轻拂过游人的脸颊，温柔而又浪漫，仿佛要留住每一个不羁的心灵。下关的风无论何时都是干净、轻柔的，清风拂面，不染尘埃，即使是你迎风走来，也不会吹掉你的帽子。

上关位于苍山的云弄峰山麓，美丽而娇艳的山茶花在清风中竞相开放，争奇斗妍，使这里成了花的海洋。上关花指的是名为“十里香”的一种花树，相传是由吕洞宾所种。花朵如莲花般大，黄色和白色相互交叉，散发出幽幽芳香。

雄伟而又壮丽的苍山高高耸在大理境内，冬季连绵的群峰上覆盖着晶莹的白雪，远远望过去，好像一条在灿烂阳光下飞舞的苍龙，泛着莹莹金光。洱海就好像一颗跌落人间的宝石，静卧在苍山之畔。风光明媚，波光粼粼，点点渔船在湖面荡漾，每当月圆之夜，月光如水，湖面平滑如镜，恰似天上瑶台。划着木船在洱海畅游，仿佛看到一轮金月隐藏在水中，令人陶醉。

蝴蝶泉在白族人的心中象征着美好的爱情，又叫忠贞的泉，他们相信若是能够在蝴蝶泉边相聚定能够获得美好的爱情，因此，每逢蝴蝶会，年轻的人们的便会来这里“丢个石头试水深”，用歌声找到自己的意中人，所以当你在美景中徜徉的时候，转身看看，也许和你相视一笑的目光里，就藏有一段浪漫的邂逅。

旅游小贴士

地理位置：云南省大理市

最佳时节：2～5月

开放时间：全天开放

旅游景点：洱海、双廊、文献楼、五华楼、大理洋人街、天龙八部影视城

特色风味：砂锅鱼、烧饵块、乳扇、生皮、喜洲粑粑、黄焖鸡

五华楼在古时是官方聚会宴请贵宾的地方，几毁几建，如今的楼阁是现代重建。

崇圣寺三塔乃历经风雨而不倒，是大理古城的标志。

丽江古城 纳西秘境

时间在这里停滞，慵懒像潮湿的雾气，到处弥漫，闲适浸入每一寸山石、每一滴泉水，从街巷穿进城市的深处隐匿。善良的姑娘微笑着从你身旁路过，像柔和的春风一样醉人，专注于手工的民族少年，仿佛在制作无上珍宝……这里就是丽江古城。

初入丽江，浓浓的古城韵味便扑面而来，相依相伴的两架大水车，一年又一年永不停歇地悠悠转动着，见证着古城千年岁月的变迁。错综的街道互相交叉，偶有身穿民族服饰的少女穿梭其间，不似都市女孩的行色匆匆、面无表情，她们充满了快乐，纯真笑容能令人忘记烦恼和忧虑。一个地方若是缺少了水，就会缺乏灵气，而水便如血脉，滋养着丽江这座远离世俗的古镇。美丽的玉河穿城而过，分成无数细小的溪流，遍布古城的大街小巷，迎风飘摇的杨柳好似少女舞动的身姿，为古城的宁静之美增添了些许的韵律动感之美。

丽江木府用以藏书的万卷楼。

来到丽江，不可不走流水小桥，不可不观经历沧桑历史的木府。一部《木府风云》让这座丽江的“紫禁城”更广为人知，透过它仿佛在观看云南土司家族的兴衰史。历经沧桑变化的木府经过重建之后，就像焕发新的生机似的，向世人展示其独特的魅力。有学者曾说“不到木府，等于不到丽江”，足可见木府在丽江的重要地位。木氏土司家族有数百年的历史，宏伟壮阔的木府有着极为精致的美，这种美令人赞叹不已，就连旅行家徐霞客游历木府之后都曾赞叹：“宫室之丽，拟于王室。”木府的整个布局十分严谨，不仅有宽敞明亮的议事厅，而且还有装满了藏书的万卷楼，更有专门宴乐的玉音楼……坐西朝东寓意“迎旭日而得大气”，可谓匠心独运。

丽江古城街角的特色小店。

旅游小贴士

地理位置：云南省丽江市

最佳时节：四季皆宜

开放时间：全天开放

旅游景点：古城大水车、万古楼、普贤寺、木府、五凤楼

特色风味：丽江凉粉、吹猪肝、丽江粑粑、纳西火锅、纳西窖酒、八大碗、纳西烤肉

木府有着浓郁的王者之气，但是整个建筑格局却没有按照“居中为尊”来设计，而是建造在了城南一角。位于古城正中间的是交通十分发达、有着很多商铺的四方街。四方街可以说是丽江的经济中心，沿着山势建造有纵横交错的五彩石花街，历史悠久的文物古迹为这里增添了浓郁的文化气息。明清风格的建筑，看似古朴，不事修饰，其实里面却异常秀美、精巧，这里几乎每一户都有花木盆景，因而古城也就有了“山城无处不飞花”的美誉。

白天的古城秀丽典雅，夜晚的古城则是躁动与安然并存。流光溢彩的灯光把河边的翠柳和流动的小溪渲染出无限的风情，不乏大都市的喧嚣热闹，并且别有一番韵味。若是想寻一处安静之所，怕要缓缓而行，也许转角便会遇到你的理想之地。杨柳微风中，或静静而坐，或与朋友喁喁细语，或在如画美景中漫步而行，好不惬意。

这座古镇浸透了历史的沧桑变化，经过了岁月的沉淀，才有了现在的美丽和深刻内涵。踏着青色的石阶，每一步似乎都会踏响历史的音符、奏出优美的旋律，久久传诵的故事就是歌词，让你沉醉不已，以为自己是个“归人”而非“过客”。

临水而建的特色茶馆、餐厅。

腾冲 极边第一城

腾冲位于云南省的边陲，连接着南亚和东南亚，故而这里一直占有重要的地位，每个朝代都会派兵驻守在这里。明朝时这里修建了石头城，于是就有了“极边第一城”的称号。这里也是西南“丝绸之路”的枢纽，著名的“博南古道”就是由此处出境，到达缅甸的密支那，所以这里的中缅边境贸易活动非常频繁。

从历史的深处走来的腾冲带着一城风雨气，但也闪耀着人文气。腾冲内的文庙始建于明朝，由于保存得较为完整，所以格外珍贵。楼宇并立，绿树相依，灰瓦白墙渐渐褪色，然而不变的依然是那飞跃的姿态，斗拱飞檐的设计中明显融入了云南民族建筑的特色，一座亭，一道廊，甚至一扇门都蕴含着一段腾冲的历史。

没有人会忘记历史，英雄们已在此安息，滇缅抗战博物馆和国殇墓园会告诉我们 1944 年 9 月 14 日，英勇的中国军队在这

横架在河流之上古色古香的石桥。

旅游小贴士

地理位置： 云南省保山市

最佳时节： 四季皆宜

开放时间： 全天开放

旅游景点： 国殇墓园、腾冲热海、叠水河瀑布

特色风味： 松花糕、赶马肉、坛子鸡、青龙过海汤

热海公园气候温暖，空气清新，是观光旅游的胜地。

里经过浴血奋战，并最终收复失地。看着那些无字的墓碑，想到一个个鲜活的生命在战火中牺牲，是多么的不幸，但正是这些倒下的人们为后辈换来了安定的生活。志向高洁的长青松柏，守候着这片神圣的土地，时光荏苒，死者虽无名却永远以英雄的名义长驻于我们心头。

从沉重的岁月回到现在，向腾冲的西南方向出发，不远的地方就是极具吸引力的和顺古镇，有名的“华侨之乡”“书香名里”。镇上的住宅大多是环山建造，成递升之势，东西延伸。而明清时期保留下来的那些古建筑几乎都围绕着小坝，溪绕村前，杨柳拂堤，四季景色各异，让人流连忘返。

当地民谚常说，“好个腾越州，十山九无头”，所谓无头的山指的是火山。腾冲的山很多都是火山，来凤山是众多火山中较为著名的，是 90 多万年前火山喷发后形成的，腾冲就位于火山熔岩凝固后的区域内。腾冲的死火山群保存完整，规模庞大，分布十分广泛，是一处独特而美丽的自然美景。这里有在全国都非常有名的热泉和矿泉，还有数十座火山堆，被称为是“天然地质自然博物馆”。乘坐气球鸟瞰腾冲壮丽的山峦，就像欣赏一个个巨大的盆景，妙趣难言。

腾冲的热海最是妙不可言。这里有数十处的温泉群和气泉，温度都很高，还有随处可见的喷涌的热泉。最壮观的“大滚锅”池内泉水急剧翻动，水花飞溅，温度很高，走到近前就能感觉到脚底发烫，甚至有人将鸡蛋放入锅内煮食，五分钟便可煮熟。此外，景区内有着丰富的温泉资源，泉水澄澈干净，对人体有很大的好处，在游玩一整天之后，若是可以在这里泡一泡温泉，定会感到身心舒畅。

金碧辉煌的雕塑显示出磅礴的气势。

热海大滚锅是一片天然的地热温泉。

保存较为完整的腾冲火山分布得十分密集，不仅规模宏大，而且种类齐全。

同里 东方小威尼斯

同里，旧称富士，唐初，因名称太过富奢，被改名“铜里”。宋朝的时候将古名“富士”叠加，去掉上面的点，然后上下断开，拆字为“同里”。

同里四面环水，溪流纵横，有“东方小威尼斯”的美誉。15 条蜿蜒的河流将小镇分离成 7 个小岛，镇内民居临水而建，好似漂浮在水上一般。乘舟泛游犹如置身于威尼斯的河道上，整个古镇无处不彰显“小桥、流水、人家”的诗情画意。

民居是同里最常见的，它们在古镇静谧的街巷中犹如撒落的珍珠点缀在清水河畔。和其他江南水乡相似，这里的民居大多是依水而筑，门前临水。但比起其他古镇的民居，同里因古时有众多的豪门望族，建筑的规模宏大，相互之间连接紧密，庭院以深宅大院居多。古镇至今保存完好的民居建筑有 40 多座，以明清

号称“东方小威尼斯”的同里，户户临水，景色秀丽。

旅游小贴士

地理位置：江苏省苏州市吴江区

最佳时节：春季

开放时间：07：30 ~ 21：00

旅游景点：耕乐堂、退思园、崇本堂、嘉荫堂、三桥、陈去病故居、南园茶社

特色风味：状元蹄、糕里虾仁、三丝春卷、大肉馒头、酒酿饼、麦芽塌饼

退思园是同里古镇最有名的园林，构思精巧，布局巧妙，各个建筑古色古香。

著名的吉利桥，桥下河水清澈，古桥似飞虹，明月之夜景色最美。

建筑为主，粉墙黛瓦，极具徽派建筑的特色。在同里的民居建筑上，砖雕是其一大特色。砖雕可分为图案雕饰和绘画雕饰两种，技法上丰富多样，主要有浮雕、透雕、堆雕、深雕等多种。现存的民居建筑上，照墙、门楼和脊饰一般都是这些砖雕的集中地，其中朱宅五鹤门楼的砖雕最为壮观，五只白鹤展翅而立，好似要从门楼上飞出一般，展现着一种飘逸和灵动。

作为江南水乡的古镇，园林是古建筑中必不可少的。在同里，最有名的园林当属退思园，始建于清光绪十一年，由袁龙设计。园林根据江南水乡的特点，构思新颖，布局巧妙，历时两年耗资不菲建成。“莫道园林小，佳景知多少”，退思园格局紧凑，有着独特的布局，以花池为中心，各个建筑相依相连，如荷叶漂浮在水上。园内古色古香的建筑掩映在树木葱茏中，加之碧波荡漾，置身其中犹如进入一幅天然的水墨画之中。

四面环水的同里自然是一个多水的地方，充满灵性的活水赋予了同里天然清丽的水色风光。有水，自然有桥。桥是水乡最富有情趣的代表性建筑了。同里的桥梁众多，在大大小小的河流上架着各式各样的古桥，与潺潺河水一同构成优美的景色。其中最为著名的桥梁莫过于太平桥、吉利桥和长庆桥了。三桥呈“品”字形横跨于河面上，桥身构造典雅，玲珑秀丽，素有“桥中一品”的美誉。此外，还有最古老的思本桥，刻有“一泓月色含规影，两岸书声接榜歌”的普安桥，最具神话色彩的富观桥等。

除了令人神往的民居建筑，在同里，过年的习俗同样吸引了不少外来游客。新年期间，人们就会到南观里敬香祈愿，保佑平安；到了龙灯夜会，更是精彩不绝，各种杂技表演、歌曲、唱戏，好不热闹。特别是元宵至八月初期间，轮番登台大戏不断：三月二十八有朱天会、四月十四有神仙会、五月端午有竞龙舟、六月二十三有闸水龙、七月三十有烧地香放水灯、八月初七初八有敲铜鼓等诸多风俗，要是来同里游玩一定要选对时间，不要错过这些热闹的节庆日。

浓郁的文化氛围孕育了同里深厚的文化底蕴。从宋代开始，这里出过状元一名，进士、举人近百名，名人雅士不胜枚举。与同里有关的历史人物有南宋诗人叶茵、明代造园艺术家计成、清代军机大臣沈桂芬、清末画家陆廉夫、“南社”创始人之一陈去病等，均声名显赫。

“醇正水乡，旧时江南”，同里那种充满自然的造化与富有人文内涵的美，那种历史沉淀而来的沧桑、精致与浪漫，让人们无法拒绝。

卢村 以木雕楼闻名的古村落

既然到了宏村，那卢村也不妨一去，它就位于宏村北面不远处，是一个以木雕楼而闻名于世的古村落。卢村据说始建于唐代，至今已有 1000 多年的历史，世代居住于此的卢氏创造了辉煌无比的木雕艺术，至今保存的建筑有志诚堂、思成堂、思济堂、玻璃院等宅院。其中最为有名的便是徽派艺术的极品建筑——木雕楼志诚堂，被誉为“徽州木雕第一楼”。

卢村依山傍水，村口东南西三面都有溪水潺潺流过，村内也有一条人工开凿的蜿蜒曲折的沟渠。跨过村口玲珑古朴的驷车桥，沿着一级级斑驳的青石板步入村落的深处，一种江南水乡的神韵便出来了。

志诚堂就位于村落的深处，是整个村落乃至徽派民居中最具代表性的建筑。建筑建于清朝道光年间，是当地卢氏传人卢邦燮所建。志诚堂坐北朝南，规模宏大，有拱门、庭院、正堂、左右

金黄色油菜花包围下的卢村更显得静谧安详。

旅游小贴士

地理位置：安徽省黄山市黟县

最佳时节：春、秋季

开放时间：全天开放

旅游景点：志诚堂、思济堂、思成堂、玻璃院

特色风味：徽式炒面、葛粉圆子、蝴蝶面、伏岭玫瑰酥

偏厅等多层构造。在志诚堂，雕刻艺术当然是最具有看点的景致。在整个庭院中，雕刻图案构造随处可见，拱门上的题额“东启长春”“西辟延秋”“钟奇”“毓秀”、门楣上的“挹爽”“延辉”、贴墙门枋上的荷托莲花、鸳鸯戏水、凤鸣牡丹、松鹤延年等，无不精妙绝伦。这些雕刻技法上繁复多变，浅雕、深雕、镂空雕等多种类型的技法相互交融，具有很高的艺术价值。

木雕图案虽然类别各异，但一般都寄托着人们美好的愿望，有的图案比较直接，如上文提及的“松鹤延年”“凤鸣牡丹”等，也有的比较隐晦，需要仔细推敲思考才能明白其用意所在，非常有趣味性。在志诚堂众多的木雕中，有一块腰板上的木雕图案很特别，它的画面是这样的：一位俊秀的年轻书生骑着骏马带着一位挑着担子的书童，在家人乡亲的相送下去赶考，在一座小桥前被一只突然跳出来的猴子挡住了去路。初看似乎不明所以，但进一步想到这是一位赴京赶考的学子并联系我国古代读书人的一般愿望，“马上封侯”的寓意就不言自明了——“封侯”与“逢猴”谐音。

思成堂是另外一座保存较为完好的建筑，里面有一尊通体由大理石雕刻的竹石墩，上面的竹子形象逼真，竹叶上的条条细纹，凸起的竹节皆精细光滑，栩栩如生。玻璃厅极为特殊，是一座中西合璧的建筑，建造所用的玻璃据说是从德国进口的，由此可见屋主人的富庶以及对它的喜爱。

漫步在古老的村庄中，好像置身于光与影的交界地带，时间仿佛在这里停住了脚步，一切都不曾改变。那精美木雕缝隙中穿过耀眼的阳光铺洒在斑驳的地面上，静谧之中蕴藏悠远，好似一张绝妙的昏黄老照片。

志诚堂为是徽派艺术中的极品，被誉为“徽州木雕第一楼”。

喀纳斯图瓦村 天山明珠

作为华夏的西北边陲，似乎提起新疆，茫茫天山、荒芜戈壁、似火骄阳……总是这些词语第一时间出现在脑海。但来到天山脚下，美丽的喀纳斯图瓦村展现在你眼前，一派生机勃勃的景象，犹如一颗明珠点缀在天山脚下。这里景色优美，天水一色，湖水透亮清澈，周围峰峦叠嶂，植被茂盛，绿荫葱葱，青山绿水之间明艳秀丽。如此的美景，令人陶醉，那似幻似真的景色像是模糊不定的海市蜃楼，又或许是传说中的世外桃源。

喀纳斯图瓦村与喀纳斯湖，一刚一柔，浑然天成，一同绘就了优美的自然景观和独具特色的民族风情。

喀纳斯图瓦村面积不大，只有 1 平方千米，由于距离喀纳斯湖很近，所以是喀纳斯景区的主要集中地，很多游人在这里住宿。村落景色优美，著名的元朝宰相耶律楚材曾为其作诗："谁知西域逢佳景，始信东君不世情，圆沼方池三百所，澄澄春水一池平。"由此可见村落景色之盛。

美丽而又富有传说的喀纳斯湖。

旅游小贴士

地理位置： 新疆维吾尔自治区阿勒泰地区布尔津县

最佳时节： 6～9月

开放时间： 全天开放

旅游景点： 图瓦村、喀纳斯、月亮湾、神仙湾、卧龙湾

特色风味： 烤馕、牛肉面

秋季是喀纳斯图瓦村最美的季节。

在隋唐时期图瓦村被称为“都播”，后来名称不断转换，有“土瓦”“德瓦”“图巴”等诸多称呼。关于图瓦人的来源，由于历史间隔时间长且复杂，已经无法确定，据说是来源于更远的北方。图瓦人勇敢、善于骑马射箭，同时还能歌善舞，有着独特的民俗习惯。400 多年来，当地一直保持着村落的原貌，不大的村落并没有在岁月的冲刷下消失或是改变原样，这不能不说是一个奇迹。生活习俗上，这里既有蒙古族的传统，也有着汉族的春节和元宵节，民俗文化丰富多彩。语言上，这里主要说哈萨克语，不过很多年轻人都会说汉语。这里的居民除了游牧时住在蒙古包，平时都住在搭建的简陋小木屋里。

图瓦村的四季景色都非常优美。温煦的光线穿过薄薄的水雾，反射在小木屋尖尖的屋顶上，一片金黄。几棵散布的松树，挺拔笔直，似乎是小屋的护卫；点缀在松树之间的白桦树，在青松的映衬下，雪白的枝干很是耀眼。远处雪白的友谊峰在蓝天的映照下好似晶莹的白玉。受冷暖气流共同作用的山下气候温暖湿润，茂密的林木在此生长繁盛。金秋季节的山林犹如被颜料涂抹一般，层林尽染，绚丽多彩，原始的自然生态风光尽收眼底。

有人说，喀纳斯图瓦村就是一位睡美人，沉睡的面容上带着安详，那白蒙蒙的霜露就似一层洁白的衣纱，潺潺的喀纳斯河仿佛在演奏着一首美妙的轻音乐。散落在山坡上的牛羊，古朴简陋的木屋、色彩斑斓的山林，还有那飘香的奶酒，静谧的小村透着一种暖暖的幸福。

油画般的景色。

禾木村 中国第一村

在距白哈巴村不远的地方有一个和其相似的村落——禾木村。这里也是图瓦人的聚居地，不过是最远和最大的一个，在我国的村落中有着“中国第一村”的美称。

被群山环绕的禾木村有着优美的自然风景，这里茂密的林木、清澈的小溪、原始的木屋以及窄窄的木桥都是值得拍摄的风景。置身于禾木村就像来到了隐秘的世外桃源。碧蓝的天空上漂浮的朵朵白云、远处的雪山巍峨壮观、四季景色不同的林木花草仿佛绘就一幅斑斓的油彩画。古意盎然的小木屋点缀在油画上，更添些许生气。小木屋是图瓦人居住的地方，由粗大的原木堆砌而成，看似简陋却坚固异常，也成为当地著名的景观之一。

禾木村坐落在喀纳斯湖畔，景色优美。

旅游小贴士

地理位置： 新疆维吾尔自治区阿勒泰地区布尔津县

最佳时节： 6～9月

开放时间： 全天开放

旅游景点： 喀纳斯、禾木桥

特色风味： 烤馕、烤全羊

窄窄的禾木桥是当地的特色景观，虽然古朴简陋，但却坚固异常。冰冷清冽的河水犹如白玉般温润而纯洁，两岸的绿色植被被水气滋润得青翠欲滴，郁郁葱葱。跨过禾木桥，满眼的白桦林，温暖的阳光穿过林间缝隙的情景最具诗情画意，仿佛抛去尘世的一切烦恼，只剩空灵的自己。

秋季的禾木村是最美的，是时色彩铺洒，绚丽斑斓，所有的色彩似乎都集中在这里。站在周围低矮的山坡上可俯瞰村落和河流的全景，远可观温煦的日光、皑皑的雪峰，近可览村落自然原始的风貌，是拍摄村落各色美景的绝佳取景地。

当清晨的阳光越过山顶，金色的光线铺洒，茂密的白桦林被染成金黄色。穿过蒙蒙的水气，温煦的阳光斜照下来，静谧的山村开始苏醒，变得灵动起来。随着太阳的升起，围栏上的枝条的影子也逐渐被拉长。炊烟袅袅升起，新的一天就要开始了，简陋棚里的牛马也开始躁动起来，相互嬉戏玩耍，等待着主人的到来。当夕阳西下，山坡上的白桦树经过夕阳余晖的映照，安详、静美。村子里的人们围着温暖的火炕，吃着精心准备的晚餐，偶有孩子围着嬉戏，带来欢声笑语。

禾木村秋日的美景。

在群山的怀抱中，禾木村静静地依偎着，散落的牛马在山坡上随意地吃着草，低矮的小木屋掩映在林木之间。蓝天白云掩映下的小河从村子旁缓缓流过，凝结的淡淡水气在树林中如云雾般流动，好像一条轻柔的白丝带，在天地之间飘荡。

禾木村的美无与伦比，如油画般的白桦树一簇簇地环抱着它，静静地流淌的禾木河孕育着它。来到这里的人都说禾木是彩色的，绚丽的时光仿佛定格于此，在这里你可以感觉到一种静美，一种不敢妄动的静美。

禾木的民居是用原木围垒起的木屋建筑，简单质朴。

乌镇 温柔水乡

乌镇有着水乡典型的小桥流水和古老而沧桑的建筑，街桥相连的布局和沿河而建的屋舍，将水和古镇完美地结合在一起。潺潺溪流穿镇而过，乌篷船往返其中，古色古香的店铺林立在街边，不染尘埃的石板小径静谧悠长，漫步其中，一幅江南水乡图画便缓缓展开。

悠悠飘荡的乌篷船满载着柔情渐行渐远。

初识乌镇，便迷恋这里的小桥流水和吴侬软语，还有小小的乌篷船。青檐灰瓦的古老民居错落有致地伫立在河畔，沧桑而宁静。茅盾的故居就是这其中的一座民居，里面的家居布置仍然保持着茅盾当时居住着的样子。朴实无华的老宅紧挨立志书院，茅盾便是在这里立志学习。狭窄的观前街把立志书院和文昌阁分隔开来。那时，文昌阁的读书人一般都会有下人陪伴，坐着水乡独有的乌篷船，读书人到楼上读书，而一同前来的下人则等候一边，悠悠小船就停泊在文昌阁下的河埠边。

在乌镇中缓步而行，你会发现虽历经千年沧桑，但是这里仍然保持着古朴、静谧的美。散落在街巷水阁中各式各样的店铺作坊，其中有精致的木雕馆，有好玩的皮影戏馆，有奇特的民俗馆，还有专门制作油纸伞的作坊和染坊。木雕馆中有丰富多彩的木雕，“八仙过海”“龙凤呈祥”“敲锣打鼓”等雕刻体现了乌镇特色的民俗风情。乌镇宏源泰染坊的蓝印花布是民间手工艺的代表。在宋元时期就发展起来的宏源泰染坊直到现在还保留着传统的制作工艺，蓝印花布就是利用这些传统工艺制作出来的。这些店铺作坊有的宽敞明亮，有的小巧雅致，有的质朴浑厚，无不透着水乡的独特魅力。这里还分布着大大小小的茶馆，若是能在傍晚时分，寻一处茶馆，临窗而坐，在轻飘的茶香中，欣赏夕阳余晖下的乌镇，别有一番韵味。

清澈的溪流穿城而过，水是乌镇水乡的灵魂。

水乡之中最不能缺少的就是水和小桥。乌镇的水没有飞流直瀑的壮观，没有西子湖的碧波荡漾，但却独有属于自己的宁静之美。对于乌镇来说，水就是它的灵魂。弯弯曲曲的车溪缓缓流淌千年，人们在这里捕鱼、泛舟游玩……有了它，古朴的乌镇多了些许灵动婉约。乌镇因水的晕染而显得更加清新淡雅，与高岳"东风燕子穿花雨，落日渔郎隔岸歌"的醉人之景颇为相似。水赋予了乌镇生命和灵魂。

乌镇小桥很多，你觉得不起眼的一处也许就有着数百年的历史。这些桥大多数是明清时期遗留下来的，有古朴的通济桥、别致的浮澜桥、峻秀的仁寿桥……30 多座小桥形式多样，有简单的木桥，有坚实的石拱桥，还有依河而建的廊桥。逢源双桥就是一座廊桥，相传在上面行走，要男左女右地分开，于是便有走此桥左右逢源的说法，逢源桥之名也就由此而来。乌镇的桥上大都雕刻有精美的装饰，或花草鸟兽，或传奇典故。而桥上的桥联让这些小桥在美丽之余又多了一丝浓厚的韵味。

正如《似水年华》中所说的一样，"乌镇永远是乌镇，在这江南水乡最美的一隅……如黄昏的一帘幽梦。"它用一份本真守候一份宁静悠然，不需要粉饰，却拥有独特的永不褪色的神韵。

旅游小贴士

地理位置：浙江省桐乡市嘉善县

最佳时节：四季皆宜

开放时间：全天开放

旅游景点：西栅、江浙分府、江南民俗馆、茅盾故居、古戏台、江南百床馆

特色风味：白水鱼、手工酱、三白酒、姑嫂饼、生铁锅、熏豆茶、乌镇定胜糕

历经沧桑的石拱桥是古镇的精髓。

婺源 书茶之乡

金黄的油菜花为宁静的婺源增添了无限生机。

婺源位于江西省上饶市，是一个有着悠久历史的美丽地方，这里遍植油菜花，还没进村便可闻见油菜花的芳香，在灿烂阳光的照射下，散发出动人的色彩和盎然的生机，好像一幅悠远的山水画令人赞叹不已。这里不仅有优美的风景，更是远近闻名的书乡，无数的名人在此诞生，古代的朱熹及近代的詹天佑等名家皆出生于此，婺源是一个人杰地灵的地方。

“盘踞徽饶三百里，平分吴楚两源头。”一句正好点出婺源令人心旷神怡的自然美景和深厚的文化底蕴。得天独厚的条件为这里带来了丰富的物产，绿茶是其一大特产。婺源的绿茶远销海外，具有“颜色碧而天然，口味香而浓郁，水叶清而润厚”的特点。美国著名的学者威廉·乌克斯曾出版了《茶叶全书》一书，他在书中盛赞婺源绿茶是绿茶中的上品。

群山怀抱中的婺源，四季云雾缭绕，山间清泉流淌，为绿茶的生长提供了良好的环境条件。在此生长的绿茶也不负众望，在雨露的滋润下，有馥郁的香气。浓厚的传统文化的熏陶下，婺源人民形成自己独特的茶俗。在这里，你不仅可以品尝到正宗的婺源绿茶，还可以领略到独特的婺源茶文化。身着传统褶裙的侍者手执古色古香的茶具，把文士茶演绎得极富清雅的韵致；富士茶，所用茶具极精美，侍者着装也非常富丽，是招待富贵人士的一种茶；农家茶则茶如其名，有着一种纯粹朴素的味道。

徽剧、傩舞、歙砚……又使这里充满了浓郁的文化气息。婺源的徽剧历史相当久远，徽剧原先并不是婺源的剧种，传入之后经过当地人的传承和发展，形成了具有当地浓郁特色的戏剧风格，受到广大观众的喜爱。傩舞也是婺源的传统表演，这种舞蹈形式来源于巫舞，在远古时候，人们认为表演傩舞可以“驱鬼逐疫”，祈求平安，后来因为精彩绝伦的表演和多姿多彩的节目而流传下来。歙砚是我国的四大名砚之一，因砚石出自龙尾山而又名龙尾砚。龙尾砚因为“涩不留笔，滑不拒墨，瓜肤而縠里，金声而玉德”的特点赢得了无数文人墨客的喜爱，苏东坡为求其砚写下《龙尾砚歌》，而黄庭坚更是在《砚山行》中发出“日辉灿灿飞金星，碧云色夺端州紫”的感叹。

此地书香浓厚，茶香醉人，还有平淡悠远、意境清雅、仿佛山水画一般的美景。若在晨光熹微的时刻走在这“最美乡村”里，细赏被缥缈雾气和烟雨笼罩着的古树、青苔、民居、廊桥，再捧一杯“文士茶”慢慢啜饮，试问，还有比这更美好的早晨么？

旅游小贴士

地理位置：江西省上饶市婺源县

最佳时节：春季

开放时间：全天开放

旅游景点：婺源油菜花、篁岭、鸳鸯湖、大鄣山、大游山、江湾

特色风味：清蒸荷包红鱼、糖醋鹅颈、粉蒸肉、糊豆腐

溪水倒映着蓝天、白云，整个村庄一片安然、静谧。

月亮湾因两岸之间的小道状如弯月而得名，风景十分秀丽。

西江千户苗寨 苗家乐园

蒙蒙细雨中的千户苗寨犹如覆上了一层薄纱，错落有致的屋舍若隐若现，好像一幅意境悠远的水墨画。西江千户苗寨虽然历经千年风雨的洗礼，但是依然保持着原生态的自然景色，十几座村寨相连接形成巨大的规模，因此成为我国最大的苗寨。

清晨早起，隔着晨雾仰望西江苗寨，起伏绵延的大山郁郁葱葱，云层低压，一点一点慢慢地穿行在绿色的林木之中。满山坡的房屋密密地拥在一起，风吹云动的时候，屋舍也仿佛跟着一起游动起来。吊脚楼是苗寨最具特色的建筑，无论是在平地，还是在斜坡上，吊脚楼都可以站立，所以才形成千户苗寨依山而卧的宏大气势，这也是这种建筑的优点所在，外观漂亮，而且实用，同时又能够与大自然紧密相融，达到和谐之美。

村寨附近都建造有风雨桥，主要的作用是为居民生活提供方便。如今的风雨桥已经成为苗寨极具特色一处风景。桥身上架有双层的亭子，灰瓦红柱，横脊飞檐，气度不凡。桥下一个大拱横跨两岸，桥拱两侧各有三只小孔，相互对称，格外美观。由于以前的木桥年代久远且抵抗力差，经常会被水冲垮，因此现在看到的风雨桥已经过后世的多次修缮。当你站在桥头上，俯瞰江水汩汩流动，水上桥影美丽动人，同样会有些许的历史沉重感。

走进村寨，屋舍错落有致，沿坡而上，其中绿树掩映，山色空蒙，气候格外湿润。高高耸立的吊脚楼，见证了苗族的悠久历史，体现了苗寨浓郁的风土人情。在寨子中还可以见到祭祀用的牛头、纺车和织布机，透过这些具有浓厚历史韵味的东西，苗寨人当年的生活场景仿佛就在眼前浮现。古老的文化氛围渐渐将你

旅游小贴士

地理位置： 贵州省黔东南苗族侗族自治州雷山县

最佳时节： 6～8月

开放时间： 08：00～16：00

旅游景点： 苗族文化博物馆、苗寨建筑群、风雨桥、西江夜景

特色风味： 糍粑、苗族米酒

苗寨中古老而精致的风雨桥。

被排列整齐的农田包围的村庄。

夜幕下的苗寨灯火辉煌。

包围，宁静的山色尽在眼前，踏着石板铺成的小道，迎面可见穿着传统服饰的少女，那绚丽浓郁的色彩和明亮的笑容格外动人。满头银发的老人坐在门前的竹凳上，正在穿针引线，绣织手中的衣衫，一旁的大爷抽着水烟，一幅多么祥和的生活画卷。

富有民族特色的商店，一间连着一间，顺着街道依次排开，这可是游人最留恋的地方。形形色色的古老手工艺品琳琅满目，让人眼花缭乱。同时这里也是古镇最热闹的地方，当街打米糕的不仅可以让人吃到最新鲜的米糕，还可以亲眼观看这种古老的手工技艺表演。

苗族人是热情好客的，长桌餐是这里招待客人最为常见的方式。中午时分，踏上苗家吊脚楼木楼梯，便可看见一条细长的木质长桌，桌上摆放了很多苗家特色菜肴，看着就让人食指大动。倒扣着的碗底上还放有一枚红鸡蛋，苗族姑娘一边唱着歌，一边向客人敬酒，在曼妙的歌声和美味中，越发感觉畅快淋漓。

天色渐黑，到了晚上，古寨的节目即将上演，等到一切都布置好后，姑娘们翩翩起舞，悠扬的曲调和快乐的气氛使这里一片欢声笑语。此外，各位身怀绝技的演员也轮番登场，亮出绝活，一阵阵的叫好声此起彼伏。此时皓月当空，山林寂静，然而山寨里灯火通明，人声鼎沸，热闹非常。

依山而建的村寨相互连接蔚为壮观。

凤凰古城 《边城》之城

“北平遥，南凤凰”，说的是中国大地上最美的两个小城。地分南北，平遥与凤凰天各一方，民俗风情迥异，然而都具有无与伦比的美。沈从文的小说《边城》把湘西山区凤凰的美丽呈献给世人，当我们捧读此书的时候，不知有多少人被那凄美的故事所触动，更不知有多少人已经走在了寻觅那个神秘小城的途中。

旅游小贴士

地理位置：湖南省湘西土家族苗族自治州凤凰县

最佳时节：四季皆宜

开放时间：全天开放

旅游景点：北门古城楼、陈斗南宅院、沱江吊脚楼、石板老街、万名塔、奇峰山

特色风味：血粑鸭、苗家酸汤、苗家菜豆腐、苗家酸萝卜

沈从文曾这样描述凤凰：“若从一百年前某种较旧一点的地图上寻找，当可有黔北、渝东南、湘西一处极偏僻的角隅上，发现一个名为‘镇竿’的小点，那里同别的小点一样，事实上应当有一个城市，在那城市里，安顿下三五千人口，这就是凤凰古城。”由于地势的原因，它隐藏在山林间，很少有人知道。然而追寻凤凰古城的历史要回溯到遥远的春秋时代，在经历沧海桑田之后，这里成为一个宁静、祥和的港湾，成为世间的一方净土。在这片土地上，众多的少数民族和睦相处，如苗族、壮族、回族等，他们共同创造了这里的美丽。他们勤劳、善良而又淳朴，身怀许多民间技艺，并且在衣食住行和平时的礼仪交往中还保持着古老的习俗。他们的民族服饰也异常的漂亮、繁杂。女子有配套的耳环、项圈和手镯等饰物，男子大多数穿大襟或者对襟的短衣，下面是长裤，每个民族都有不同的特色。

跟着乡民欢乐的歌声，和他们载歌载舞，沿山道一路走向小城，听见汩汩水流的鸣唱，心情轻松愉快；或者泛舟沱江，躺在乌篷船里，看水流清澈，悠游缓和，顺流而下，依江而建的吊脚楼鳞次栉比，精美的雕饰和迎风飞展的斗拱飞檐令人赏心悦目。万名塔位于沙湾北岸，远远望过去，身姿挺拔修长，七级的塔身

碧绿的江水倒映着古城两岸的美景，真是赏心悦目。

沱江穿城而过，可以说是凤凰的母亲河。

上每一级都悬挂着风铃，随着清风作响。“聚山水灵韵，锁前世今生”的许愿亭上人头攒动。天朗气清，云浮蓝幕，虹桥飞渡，横跨江面，势如腾蛟，宛如山水画卷。

下了船，步入青石板铺成的街道，沿岸耸立着沧桑而古朴的城墙，远处的南华山挺拔俊秀，风光旖旎，享有“凤凰八景之冠”的美称。北城城门如半弯新月，两扇铁门虽已锈迹斑斑，但气势犹存。转个弯，回龙阁古街的热闹迎面扑来，密集的小巷来往穿行，街道两边的店铺中陈列着许多极具特色的手工艺品，它们为古城增添了浓郁的文化色彩。既然来了，那么必然得要去拜访一下沈从文先生的故居，寻找那他旧日的足迹，感受一颗赤子之心的纯真。踏着石阶，可以去欣赏朝阳宫的山水花鸟浮雕和古朴的戏台，还有充满文化内涵的奇梁洞、古朴秀美的书家堂……

沿江而建的吊脚楼古老而充满意蕴，是凤凰古城的一大特色。

如果天色渐晚，可以留下来饱览古城夜景，灯笼高挂，通明似昼，鼓楼林立，水中倒影浮动，如海市蜃楼一般，如梦如幻。还可以去一下苗寨，与当地乡亲畅聊一番，住在四柱撑地、横梁对穿的吊脚楼上，体会一下异乡的生活，放下心头的烦事，和他们一同去劳动，劈柴放牛、烧火做饭、编竹筐、插秧苗，把都市里的名利纷扰抛上云霄，大声欢笑，开怀歌唱，在大自然的怀抱里彻底释放自己。

身着民族服饰、笑容明媚的少女。

本溪 水之源

本溪身处辽东，这里河流纵横，山林茂密，可见确实为“水之源”地。“本溪”得名于本溪湖，湖位于本溪市内，可谓是世界上最小的湖，然而别样的湖光山色令它名声在外，故而才用它来命名本溪市。

本溪历史悠久，从遥远的远古绵延至今，漫长的记忆里，镶嵌着许多动人的神话故事。相传每年的四月初八会有许多神仙腾云驾雾来到紫霄宫聚会，宏伟壮观的紫霄宫令众仙惊叹不已，于是众仙就送了很多的珍宝给洪钧。于是，紫霄宫内就聚集了许多奇珍异宝。但是后来贪心的凡人经常来此窃取宝物，并残害许多无辜的百姓，于是原本繁华的水洞变成了无底的黑洞。像这样的传说还有很多，充满了奇幻色彩，给本溪岩洞增添了几分神秘。

↑本溪的“福”“寿”石刻是这里的标志之一。

沿途两岸的景色旖旎，满山的红叶使本溪充满了奇幻的色彩。

旅游小贴士

地理位置：辽宁省本溪市

最佳时节：5～10月

开放时间：08：30～16：00

旅游景点：水洞、旱洞、太子河漂流、庙后山景区

特色风味：虹鳟鱼、全羊席、喇蛄豆腐

本溪水洞原来的名字叫作谢家葳子洞，里面有水洞，也有旱洞，身处其间如同处于迷宫中。本溪三洞连通，一路走来，奇景诱人。穿过洞口，呈现在眼前的就是紫霄宫，它的左右两边都有山洞，阵阵水声从远处传来，夹带着凉爽的清风，继续往前便可看到高悬的瀑布腾空而下，气势慑人。

旱洞长达300米，高低错落，洞中回环相连，曲曲折折，密如蛛网，极其玄妙。石洞内有发育良好的钟乳石，由于大自然的神奇造化，这些钟乳石变化出各种各样的色彩，令人叹为观止。身处其中，看着眼前的百步池、龙潭等美景，思绪也随之飘向远方。除此之外，洞中还有可以连通大海的“海眼”；能散发香味的“香脂壁”，闪烁着耀眼的黄色光芒……还有许多景观散布在旱洞的各处，有的充满了凌厉之美，而有的则体现着幽静之美，各有其美，各显其妙。

开阔的水面使去往水洞的码头成为这里天然的“港湾”。洞中的灯光色彩斑斓，打在石景上，更是变幻莫测，让人目不暇接。从水洞乘船继续前行，水道曲折蜿蜒，河水清澈见底，各种石景姿态万千，倒映水中，似真似幻，难以辨认。小舟在水上缓缓前行，如画的美景一一展现在眼前，美丽的“九区银河”常常有络绎不绝的游客，面对如此美景不得不让人惊叹：“钟乳奇峰景万千，轻舟碧水诗画间。钟秀只应仙界有，人间独此一洞天。”

太子河穿洞而过，沿途两岸的景色旖旎，山峦清秀，薄雾流云萦绕其间，充满了奇幻色彩。这个天然的乐园里，有被喻为“东北第一漂”的太子河漂流，喜欢冒险和刺激的人可以来一展身手，享受激流翻涌带来的豪情。

灯光映射下的水洞色彩斑斓。

独特的树根雕饰，沧桑而古朴。

寿县 地下博物馆

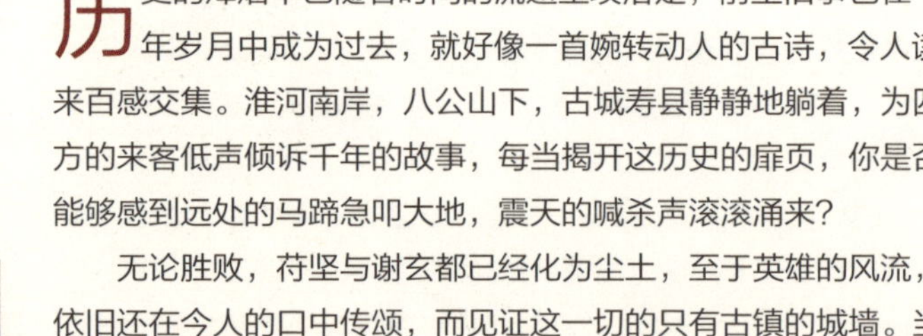

历史的烽烟早已随着时间的流逝尘埃落定，前尘旧事也在千年岁月中成为过去，就好像一首婉转动人的古诗，令人读来百感交集。淮河南岸，八公山下，古城寿县静静地躺着，为四方的来客低声倾诉千年的故事，每当揭开这历史的扉页，你是否能够感到远处的马蹄急叩大地，震天的喊杀声滚滚涌来？

无论胜败，苻坚与谢玄都已经化为尘土，至于英雄的风流，依旧还在今人的口中传颂，而见证这一切的只有古镇的城墙。当你站在城墙脚下，心中无端会产生一种厚重的压迫感，这并非高度的逼迫，而是岁月的沉重。用手抚摸墙体，古铜色的石砖棱角圆润，被风雨残蚀的缺口已经覆满密密的苔藓，这层苍绿的外衣裹藏起了许多鲜为人知的秘密。沿着台阶爬上墙头，城上长道宽阔向两端伸展，凹凸的女墙[1]起起伏伏，有几处石板缝里长出茶杯口粗的树，枝繁叶茂，树根在墙壁上攀爬着力，清新的绿色为

历经风雨的城门显示出巍峨的气势。

古老沉默的城墙带来了一丝盎然生机。

翻开史书看一看，你就会知道寿县深厚的历史渊源，这里曾经 4 次为都、10 次设郡，同时楚文化也曾在这里繁衍流传。自古楚地多豪杰，从禹定九州起，楚国就雄踞一方，良田肥沃，人丁兴旺，孕育出光辉灿烂的文明。在寿县东南方 25 公里处有一座墓穴，这座墓穴的主人是战国时的楚幽王，里面出土了许多珍贵的文物，这些文物为后人了解楚国君王的葬制提供了很好的材料，其中赫赫有名的楚大鼎、四兽平底鼎等器物吸引了国内外大批的考古工作者和游客，很多人不远千里而来，只为一睹真容。除此之外，出土的各种铜铎、编钟、铜灯、翡翠球、宝剑等，样式古朴精美，艺术价值很高。

若说寿县最令人瞩目的景观，那一定是安丰塘了。安丰塘古称“芍陂”，是当初的楚国丞相孙叔敖建造的，千年之后，安丰塘依然发挥着重要的作用，与都江堰、漳河渠、郑国渠一起并列为我国著名的水利工程，素来就有“天下第一塘”“世界塘中之冠”的美誉。

当地民俗活动十分丰富，其中最有名的莫过于花鼓灯和寿州锣鼓。花鼓灯主要是以跳舞为主，主要有兰花、骨架子、伞把子等角色，伞把子在舞台上通过相互交换岔伞以指挥表演。寿州锣鼓是由当地的业余文艺队伍表演的，演奏的乐谱大部分都来自民间，并且融合了江淮地区一些传统的锣鼓精髓，于是就形成现在激昂、疏阔中带有柔和特色的表演。

旅游小贴士

地理位置： 安徽省淮南市

最佳时节： 四季皆宜

开放时间： 全天开放

旅游景点： 安丰塘（芍陂）、楚王墓、八公山国家森林公园

特色风味： 大救驾、淮王鱼、郝圩酥梨

楚国水利专家孙叔敖所设计建造的“芍陂”千年之后仍发挥作用泽被一方，当地人设“孙叔敖纪念馆”以示纪念。

安丰塘古称“芍陂”，素来有“天下第一塘”“世界塘中之冠”的美誉。

①女墙：城墙上呈凹凸形的短墙。也叫女儿墙。

南浔 诗书之乡

斑驳的墙壁带着历史的印记向人们诉说古镇的故事。

“湖州一个城，不及南浔半个镇”的说法一度盛传，然而这并非过誉。古老而沧桑的拱桥，临水而建的古楼，形成南浔古镇错落有致的布局，河埠连接着石阶，来来往往的小船在蓝天白云的映衬下，古朴的气息扑面而来。历史留下轻盈的脚步，与自然的万物一同萌生出流动的灵气，笼罩在烟雨之中，绘制出这人间仙境。

南浔是典型的江南水乡，小桥、流水和古色古香的民居是这里的重要元素，历史上早就有“小镇千家抱水园，南浔贾客舟中市”的记载。南浔古韵浓厚的建筑物和旖旎的风光相互融合，形成既有厚重的文化底蕴，又有幽远意境的水乡风景。

古镇中的建筑大多数还保持着明清的风格，众多的古建筑中尤以百间楼、寿俊堂、董氏世德堂和清代的张氏旧居、刘氏悌号最为著名。园林是南浔古镇的一大特色，这里的园林包括了不同时代、形态不一的园林建筑 27 座。《江南园林志》记载：“以一镇之地，且拥有五园，且皆为巨构，实江南所仅见。”这五所“巨构”的园林分别是嘉业藏书楼、易园、适园、颖园、小莲庄。这里重点介绍一下嘉业藏书楼、小莲庄和张氏旧居。

嘉业藏书楼是号称“江浙巨富”的刘承干于 1920 年所建，是近代著名的私家藏书楼之一。

嘉业藏书楼位于镇西南郊的鹧鸪溪畔，是由江南巨富刘承干出资建造的，楼内有皇帝溥仪赠送的“钦若嘉业”的牌匾，嘉业藏书楼的名字就是由此而来，是我国有名的私家藏书楼之一。楼内有丰富多彩的藏书和许多珍贵的古籍。以园林的格局设计建造，有回廊式的结构，里面有 52 间房。

小莲庄始建于 1885 年，是刘墉的私家花园，付出了大量的人力、物力，小莲庄的名字取自于赵孟頫的“莲花庄”。小莲庄主要包括了刘氏义庄、园林、家庙三部分。园林以一座荷

刘氏悌号俗称红房子，为刘悌青所建，是一座中西合璧的建筑。

旅游小贴士

地理位置：浙江省湖州市南浔区

最佳时节：四季皆宜

开放时间：全天开放

旅游景点：南浔古镇、文园、百间楼、嘉业藏书楼、小莲庄、张静江故居

特色风味：南浔香大头菜、双林姑嫂饼、诸老大粽子、橘红糕、定胜糕、双交面、绣花锦菜

花池隔开，分为外园和内园，内园中的景观主要以形态各异的假山为主，中间以一座精致的漏窗隔开，景色异常清幽、美丽。

张氏旧居名为张石铭旧居，又叫懿德堂，为南浔“四象”之一，位于镇南栅南西街。旧居有“五落四进”，每进都各具特色，其中不乏精致的雕刻和进口的玻璃刻花，既体现了中式的建筑风格，又涵盖有西方的装饰风格，堪称是“江南第一巨宅”，有很高的欣赏价值。

作为“湖丝之源”，良好的地理环境、丰厚的物质条件和崇文重教的风气共同创造了南浔璀璨的文化。明朝时候的南浔就有“九里三阁老，十里两尚书”的美称，著名的历史学家庞朴撰写了宋、辽、金的史书，他为南浔留下了极其珍贵的文化遗产。

当你闲坐在小楼上欣赏美景之时，不自觉想起明代董份的那首《上草堂》：“碧溪深处绝世喧，自汲清流日灌园。却笑渔船长共到，不知是否比桃源。”小桥流水的惬意，古朴而沧桑的民居，南浔历经千年而不改其清秀模样，宁静祥和。任谁走进这里都会很自然地融入其中，成为“装饰他人梦”的风景。

夜幕下的南浔一片静谧、安然。

芙蓉镇 千年古镇

电影《芙蓉镇》的播出使这座千年古镇走进了公众的视野，络绎不绝的游人随之而来，直到 2007 年才由王村更名为芙蓉镇。从古至今，这里就是通商口岸，因为水利条件十分便利，素来有“楚蜀通津”的美名。如诗如画的美景使这里成为“小南京”，是“湘西四大古镇”之一。

芙蓉镇不仅有着美丽的自然风光，更有着浓郁的古风，是喜欢古韵的人们的绝佳去处。“春来花中听山语，夏闻蛙古板蝉鸣，秋色染红土家女，冬雪飘飞吊脚情，夜色依旧未寂静，赏心悦君观小戏。”这真是对芙蓉镇再贴切不过的形容了。自古以来湘西人杰地灵，不仅有秀丽的山河，而且还有异于中原的独特文化，像赶尸、巫蛊落花洞女等民间风俗，在世人眼中是如此的神秘，令人感到好奇。

青石板铺就的小巷和独具特色的吊脚楼是芙蓉镇千年历史发展的见证者。五里长街上有云集的商贾，各色精美的小商品摆满了紧密相连的店铺，无不透露出湘西的土家风情，让人只愿身处

芙蓉镇古朴原始的村落。

旅游小贴士

地理位置：湖南省湘西土家族苗族自治州永顺县

最佳时节：四季皆宜

开放时间：全天开放

旅游景点：芙蓉镇瀑布、石板街、土司行宫、溪洲铜柱

特色风味：桂花鱼、米豆腐

穿镇而过的瀑布见证了芙蓉镇千年的历史。

其中不舍离去。胡绩伟先生曾在观赏过芙蓉镇后做出了这样的赞叹："武陵山秀水幽幽，三峡落溪州。悬崖壁峭绿油油，悠悠荡华舟。烹鲜鱼，戏灵猴，龙洞神仙游，芙蓉古镇吊脚楼，土家情意稠。"

穿镇而过的瀑布是芙蓉镇中一道靓丽的风景。飞泻而下的瀑布在阳光的直射下，泛着荧荧光亮，宛如长长的银链。飞泻而下的瀑布与岩石相互撞击，溅起层层的水花，扑于面上只觉清凉舒爽，震耳的水声仿若万马奔腾，方圆十里皆可闻。有诗赞道："动地惊天响如雷，凭空飞坠雪千堆。银河浩瀚从天落，万斛珍珠处处飞。"

"小背篓，晃悠悠，笑声中妈妈把我背下了吊脚楼……"悠扬的歌声饱含着浓浓的民族风情，吊脚楼是湘西特有的景色，而芙蓉镇土王行宫的吊脚楼别具一格。土司王行宫是当时的土王所建，是历代土王的避暑行宫。土司王宫依山傍水，宫前飞瀑直流，侧面悬崖绝壁，下面的吊脚楼最初是为了增加居住面积而建。唐伯虎、沈从文等无数文人都在此留下诗篇，为这座千年古镇增添了浓厚的文化气息。

芙蓉镇的楼宇、街道、飞桥和人好像都长着根，这些根就扎在借山势奔腾而下的瀑布里，仿佛跳动的鲜活生命。俯下身子，静静聆听，耳边传来哗啦啦的水声，仿佛令人心情舒畅的欢声笑语。

土司王行宫依山傍水，宫前飞瀑直流，侧面为断崖。

平遥古城 时光之城

平遥古城位于山西省晋中市平遥县，始建于西周时期，有着数千年的悠久历史，因而这里的文化气息极为浓厚，被称为“保存最为完好的四大古城之一”。作为著名的历史文化名镇，它正在向世人展示这幅文化、社会、经济的立体历史画卷。

古朴而大气的民居似蕴含着无穷的历史。

巍峨的古老城墙，远远便可见其壮观的气势，行走其上，抚摸的是风雨侵蚀的痕迹，感受的是历史的厚重感，眺望的是满城古色，大大小小的建筑有条不紊地排列在一起。走进古城，古老而沧桑的寺庙、民居、县衙等建筑逐渐呈现在众人眼前，喧嚣与热闹的现代气息和充满古韵的建筑相互冲撞，游览其中仿佛开展一场精彩的时空之旅。古城中的文庙是现存文庙中历史最为悠久的；清虚观是这里最大的道馆，如今已经成为博物馆，始建于唐朝，直到清朝时才改为清虚观；城墙上具有防御作用的角楼……这些历经沧桑变迁而不衰的古建筑是平遥古城的精髓，都很好地诠释了古城的真谛。

平遥县署始建于北魏，经过了数百年的历史风霜，依然绽放着独特的魅力。

在古城内诞生了当时我国的第一家票号——日升昌票号。日升昌票号位于号称“大清金融第一街”的西大街，以“汇通天下”通行于世，分号遍布全国各地。因诚实守信，甚至国外也有其分号。而如今，即使“汇通天下”的匾额虽已不复昔日的光鲜亮丽，但它仍是民间银行业开始的标志，是一个时代辉煌的见证。

平遥还保存有600多年历史的古代衙门，这里评判过无数的案子，是为百姓主持公平正义的地方。作为四大古衙之一的平遥县署始建于北魏，直到明清时期才定型，同时也是我国现存规模最大的古衙。对称的布局、错落有致的结构使这座县衙庄严之外又多了一些精致巧妙。十一世班禅在游览了之后曾题词：“平遥县衙，古衙之最”，足可见平遥县衙魅力不凡。

除了古老的建筑，平遥还有浓重的乡土文化色彩。用竹木和彩绸编制而成的彩舫常用于民俗表演，一人佩戴假脚似盘坐船中，一人持桨扮船夫向前滑动，如同在路上行船，生动而形象。还有技艺高超的踩高跷表演，他们既可以踩着高跷下软腰，还可以凌空跳过设置的障碍物，更有精彩的《白蛇传》《唐僧取经》等表演，花样繁多的表演令人心醉神迷。更为壮观的是龙灯表演，形象逼真的龙灯，在鼓声配乐的伴奏下，蜿蜒起伏，灵活自如。若是晚上观看场面更为壮观，龙身内放置一些蜡烛，在夜幕的映照下龙灯愈发气势威武。

身在平遥古城，仿佛瞬息之间便可穿越千百年，回到那曾经辉煌的过去。历史从来都不仅仅只写在书上，平遥就是一部站立的史书，此时完全不需要文字的描绘，古城中的每一种元素都能直观地告诉你岁月的故事。当丝丝春雨洗去厚厚的尘埃，这座古城变得愈发清澈透明，昔日的繁华又一次在霓虹的映照下熠熠闪烁，这就是它永葆青春的秘密。

旅游小贴士

地理位置：山西省晋中市平遥县

最佳时节：四季皆宜

开放时间：全天开放

旅游景点：平遥三宝、镇国寺、双林寺、平遥县衙、日升昌票号

特色风味：平遥碗脱、平遥牛肉、曹家熏肉、香草肉

始建于西周时期的古城墙经过历史的风吹雨打，依然屹立不倒。

承德避暑山庄 避暑胜地

炎炎夏日如何消暑？承德避暑山庄或许是个不错的选择。昔日的承德避暑山庄森严壁垒，专属于帝王之家，如今，寻常百姓也可以自由出入、尽情享受了。承德避暑山庄恢弘大气，融南北造园艺术的精华于一身，几乎是中国古典园林的最高范例。

驾车来到这里，才发现避暑山庄和想象中的并不一样。承德避暑山庄没有想象中的金碧辉煌，昔日威严的皇家建筑中多了些许的朴素和淡雅。青砖素瓦的建筑与四周的山水相依，浑然天成，既有北方的阔达之美，又有江南水乡的柔美，二者相互结合，形成承德避暑山庄山园相融的美妙景色。

承德避暑山庄的建筑既有规模恢宏的皇家园林，又有庄重淡雅的皇家建筑和皇家寺庙群，主要分为供休闲、游玩的苑景区和居住、活动的宫殿区。苑景区的建筑布局是按照平原和山地划分的，同时还包括以湖为中心的景观。这些宫室与周围的自然景色融合为一体，三三两两点缀其间，营造回归自然之势。

郁郁葱葱的林木和广阔的草地组成了平原区的美丽风景，它位于承德避暑山庄的北面。当时皇帝经常在草地上进行赛马活动，而万树园则是皇帝接见少数民族首领和外国使节的地方，但是如今万树园只剩下了遗址。

山区的建筑则多以寺庙为主。普乐寺、博善寺等寺庙错落有致地分布在避暑山庄的山峦沟壑中。当时的清朝统治者为了安抚少数民族，在这里修建寺庙以巩固统治，其中最具代表性的就是普宁寺。普宁寺是一座汉藏结合的寺庙，因宏大的规模而成为我国北方藏传佛教寺庙中之翘楚。寺庙中供奉的千手观音壮观而又威严，吸引了无数的游客来此观赏。

普宁寺位于承德避暑山庄北边，因内有木雕大佛故又称大佛寺，仿西藏三摩耶庙形式而建。

永佑寺舍利塔位于万树园的东北，是乾隆游杭州六和塔和南京报恩寺时，叹其玲珑秀美，为感母恩而仿此两塔建造的。此塔呈八角密檐，塔内部有许多精致生动的雕刻和绚丽多彩的壁画，琉璃建造的檐斗和梁枋，还有铜铸的塔尖，是避暑山庄的必观景色之一。

湖区中有八处湖泊，其中西湖、镜湖、银湖和半月湖等统称为赛湖，建筑风景也几乎都是仿造江南名胜，采用传统的园林建造方法，与四周的岛屿、堤岸、湖水巧妙结合，营造犬牙相错的水乡风情。较为有名的如烟雨楼、水心榭等。烟雨楼因杜牧“南

烟雨楼在避暑山庄的青莲岛上，以嘉兴烟雨楼为模型修建的，在各个房间之间连接着游廊，是一座十分精致的院落。

旅游小贴士

地理位置： 河北承德市

最佳时节： 夏末秋初

开放时间： 08：30 ~ 17：30

旅游景点： 关帝庙、外八庙、七十二景、正宫、松鹤斋

特色风味： 炸灌肠、豌豆黄、驴打滚、大扁、榛子、冰糖葫芦、爆肚

烟波致爽殿是皇帝的寝宫，康熙曾题词：“地既高敞，气亦清朗。”

朝四百八十寺，多少楼台烟雨中”而得名，乾隆多次游历江南之后，仿照其式样在承德避暑山庄建此楼。前有门殿，后有两层楼檐，楼的东边是青阳书屋，古代皇帝在这里读书和写字，各个地方以游廊连接。登高凭栏眺望，四周美景尽收眼底。每逢夏秋时节，湖中荷花竞相开放，从远处望去，湖面烟雾缭绕，美不胜收。乾隆曾作“最宜雨态烟容处，无碍天高地广文。却胜南巡凭赏者，平湖风递芍荷香”一诗赞美其秀美的景色。

银湖和下湖中间是水心榭，湖面横跨桥梁，桥上建有三座亭榭，四面皆可观望，自成一景，颇有“飞角高骞，虚檐洞朗，上下天光，影落空际”的意境美。此水心榭连接着湖区与宫殿区，踏过水心榭便是精湛的宫殿区了。宫殿区的建筑设计没有皇家一贯的富丽奢华，而是融合了北方的宏大和南方的秀美，注重舒适的简约。这里不仅是皇帝居住、休息的地方，还是处理朝政的地方，主要分为“前殿”和“后寝”。主殿名为“澹泊敬诚”，因大殿采用极其珍贵的楠木修建而成，微风掠过，飘来阵阵的清香，若是有琴音相伴，定会让人沉醉其中，故也叫楠木殿。这里的每一处细节都极为讲究，象牙屏风、白羽刺绣……简直让人眼花缭乱，目不暇接。正宫“后寝”部分的主殿名为“烟波致爽”，为皇帝在山庄的寝宫，且被列为避暑山庄康熙三十六景之首，康熙帝曾有题词曰：“地既高敞，气亦清朗。”

承德避暑山庄是中国自然地貌的缩影，因为整个山庄东南多水，西北多山。山庄虽以山名，而胜趣其实在水，亭台楼阁之所以美，一半也是因为湖水的映衬与装饰。从来水之情状最难描摹，非亲临不足以赏其妙。所以炎炎夏日里，请您亲自去看看吧！

澹泊敬诚殿庄重而古朴的风格显示了皇家高贵、典雅的气度。

甪直 神州水乡第一镇

苏州甪直古镇历史悠久，盛名远扬，素来享有“神州水乡第一镇”的美称。甪直起初的名字是“甫里”，后来才改为“甪直”。相传此镇从春秋到今日已有千年的历史，镇上名胜古迹比比皆是，美景更是数不胜数。远离市井的当地居民依然保持着百年之前淳朴宁静的生活，使得小镇古色古香的味道十分浓郁。

古镇的前面是街巷，后面是河流，石板铺成的街巷干净整洁，古老的楼阁侧立河道两旁，紧密排列，鳞次栉比。河道上有形式各样的小桥数十座，既有宽敞的拱形桥，又有略微狭窄的石板桥……这些小桥经过了千年风雨的洗礼，依然屹立在古镇中，于无声中诉说着历史的沧桑。桥面上的石板缝隙中长出一层层绿藓青苔，好像老人的须发，为古桥染上岁月的印记。桥下绿水悠悠，一叶小舟悠然地卧在水面上，渔家女在河沿上一边洗衣服，一边嬉笑谈天。她们身上穿的服饰具有浓郁的江南风情，一丝不苟的发髻，小巧的绣花鞋，还有拼接衫，这无不透露着她们的勤

历经风雨洗礼而不倒的古桥，是古镇的精髓。

旅游小贴士

地理位置： 江苏省苏州市

最佳时节： 四季皆宜

开放时间： 全天开放

旅游景点： 澄湖、保圣寺、叶圣陶纪念馆

特色风味： 甫里蹄、甫里鸭

劳朴素、善良贤惠。当这些美丽的身影点缀在水乡岸边、青石桥头的时候，自然就成了一道别样的风景。

临河的商铺门前有一条长长的走廊沿河岸伸展，廊柱上一排排红艳艳的大灯笼高高挂起，下面是供人歇脚的坐处，依着栏杆，听流水潺潺，一下子神清气爽，心境平和。也可以去茶社或酒家的窗口，一边品茗或饮酒，一边欣赏水乡的美景。等到夜色来临，灯火通明，人们完成一日的劳动闲歇下来，就更加热闹了，小镇猛然快活起来，抖掉了静默，在欢乐和歌声中寻找幸福生活。

休息一夜，借着微微的晨曦，漫步古镇街巷，可以去拜访千年古刹——保圣寺，寺内栩栩如生的塑壁罗汉，有的凝目沉思，有的面容祥和，体现了“塑圣”杨慧之的高超技艺，堪称瑰宝。除此之外，寺庙中还有青石经幢和铁钟两大宝物。青石经幢位于西边，柱上雕刻有精致的佛像和经咒。铁钟可以说是保圣寺的镇寺宝物，钟上有“风调雨顺”“五谷丰登”等字样。当钟声响起的时候，洪亮的声音在寺中久久不散。相传僧众只要听到铁钟的声响就会烦恼顿消，还会增长智慧，多行善举。在“叶圣陶纪念馆”可以领略大师的无边风采，也可移步万盛米行看古代人们的日常生活，还有沈宅、水乡农具博物院等历史文化景观。

甪直不大，但她细致柔美的江南景致定能长留心中，让你在日后时时怀恋。

流水清浅，甪直古镇如江南女子般柔美。

西递 桃花源里人家

西递不仅是风景优美的旅游胜地，也是一座名扬南北的历史古村。青石铺就的小巷在清一色的徽派建筑中穿行，蜿蜒不断的清泉为这座古老的村落增添了许多灵气，“桃花源里人家”的美名半点不差。

还没有走进村庄，一座巍峨壮观的青石牌坊就出现在面前，这座牌坊高十余米，精巧的结构和古朴的造型浸透了历史的风霜，相传此牌坊始建于明朝，至今已有数百年的历史。胡文光是这座牌坊的主人，对于西递的居民来说，他是这里精神文化的代表人物。整座牌坊由大理石雕刻而成，精致的徽派浮雕、透雕等显示了匠人高超的技艺。

峥嵘巍峨的青石牌坊建于明万历六年，距今已有数百年历史，是胡氏家族显赫地位的象征。

精致徽派民居在翠竹、流水的掩映下尽显典雅之美。

穿过青石牌坊便是西递内村了，关于西递的由来有很多种说法，其中流传较广的说法是因为向西流的河水经过这里，被命名为西川，又因为这里是古时候递送邮件的驿站，故而改名为西递。西递的繁荣和胡氏家族的兴盛有着密不可分的联系。相传西递胡族先本姓李，是唐朝昭宗的儿子，因为变乱逃到了这里，见这里环境优美，便在这里过着隐姓埋名的生活，后来家族繁衍逐渐发展壮大，成为一个村落。又经过数代人的努力，这里逐渐声名远播。

大约因是皇家之后，这里自古就有着浓厚的贵族气息，一砖一木，一门一扇都精致无比，尤其是门坊、斗拱、梁上的雕饰和花鸟山水，玲珑剔透，把古徽州的人文风情展现得淋漓尽致。说到砖、木、石雕，这可是西递的独特景观。追慕堂雕刻的《桃源问津图》和具有浓郁田园风光的《西溪耕织图》行云流水般的线条，透着柔和秀美，惟妙惟肖、细腻精湛的手法，体现了新安画派的风格。傲然挺立的“松石”漏窗与婆娑竹影与腊梅交错相应的“竹梅”漏窗，俱是高雅别致，生动传神。“松石”“竹梅”画中有诗，恰如一副意蕴深远的对联，左右映衬。雕刻家把把松、竹、梅的傲然骨气表现得淋漓尽致，不愧是西递雕刻艺术的代表。

清晨的西递雾气还没有完全散尽，整个村庄静谧而安宁。

漫步西递仿佛穿越时空回到了古代，各式各样的建筑错落有致地排列在一起，古色古香，带着浓浓的诗意从时光深处向我们走来。走进桃李园，独特的建筑设计令人惊叹于古人的智慧。这座民居是胡元熙的私塾和旧居，在这里可以好好体验一下古人是怎么生活和读书的。房间中设计有独特的“楼上井”，明媚的阳光透过窗口照射进来，使房间可以保持明亮，并维持新鲜的空气。隶书篆刻的“桃花源里人家”十分大气。明亮的惇仁堂临近河边，厅堂十分宽敞，内里的装饰摆设透着古朴的韵味，后面有拱形的卷棚，两侧有被称为“联珠房”的卧房，桃花木雕的隔扇门别致而典雅。高高悬挂的“惇仁堂”的牌匾是嘉庆年间一位叫汪承霈的书法家题写的。两边还有寓意深远的两幅楹联，显示了屋主人积极进取的人生态度。

身处西递，古拙的牌坊巍然屹立，错落的民居斑驳沧桑，整个村落显得静谧安详。如果说不远处的黄山是一位威武雄壮、勇猛无前的战场勇士，那么山麓之下的西递就是一位隐居山谷的遗世老人，看淡了世事沉浮，无欲无求，追求心灵的宁静。

旅游小贴士

地理位置：安徽省黄山市黟县

最佳时节：秋季

开放时间：全天开放

旅游景点：青云轩、桃李园、西园、西递走马楼、凌云阁、胡文光刺史牌坊、瑞玉庭、敬爱堂、履福堂

特色风味：腊八粥、石头馃、徽州馃、苞芦馃、苞芦松、蟹壳黄烧饼、徽州蒸饺、炒螺蛳、五城茶干、油煎毛豆腐、油酥烧饼

登高俯瞰，整个西递古村宛如世外桃源，遗世而独立。

白哈巴村 西北第一村

在我国与哈萨克斯坦的边界上静卧着一个璀璨明珠般的乡村——白哈巴村。优越的地理位置和独特的自然风景让这里成了名闻四方的村落，被誉为“西北第一村”“西北第一哨”，还被评选为“中国最美的八个小镇”之一。

白哈巴村是一个少数民族居住的村落，主要是图瓦人的居住地。远离喧嚣的地理环境和独特的民族风情孕育了白哈巴村原汁原味的村容村貌。村落建在一个低矮的山谷之中，有两条小溪在旁边静静流过，木质构造的民居建筑建在溪水旁边平坦的高地上。白哈巴村附近的林木茂盛，多是松树和桦树，密密簇簇，如果从高处俯瞰就会发现，整个村落好像隐藏在山林里一样，安静祥和。

古村的风貌保存得很好，建筑都是原木构造的小木楞屋，古朴而不简陋。木楞屋的外形看似不大，但是功能齐全。顶部的“人”字形构造可防雨雪，顶棚和屋顶之间的缝隙可以当作储藏室，放置一些物品。虽然地处北疆，冬季寒冷，但是在屋内铺有厚厚的花毡，还生有火光旺盛的火炉。在白哈巴村，商品并不是很丰富，屋内的装饰多是牧民自己的手工艺品，很有民族特色，犹如一个图瓦人的生活工艺品陈列馆。在主屋旁边就是牲口圈，里面饲养着或多或少的牛羊，每日早晨，牛羊出栏走向漫山遍野的草地，开始新的一天。这里没有汽车刺耳的鸣笛声，也没有漫天的雾霾，只有如画的风景。

白哈巴村一年四季都是美的，且四季景色迥异，每个季节都有自己独特的风景，景观非常丰富。当初春之时，万物复苏，满山的林木开始吐出嫩芽；盛夏之时，多彩的山花和青翠的松林绘成一幅五彩斑斓的油画；最美的是秋季，此时的山村犹如一个缤纷多彩的世界，红色、黄色、绿色、褐色，层林尽染，仿佛装满各种颜料的调色板，再加上阿尔泰山上皑皑雪峰的映衬，这样一幅完美的油画就毫无保留地展示在天地之间；冬季大雪纷飞之时，满山银装素裹，晶莹剔透，宛若童话世界，更显出村庄的安详和静谧。

这样绝美的古村景色自然能够吸引人们，如今越来越多的人来领略这里的自然风光和独特的民族风情。需要注意的是，由于白哈巴村地处边陲，需要办理边防证以及购买门票等，而且还需要注意当地人的禁忌。

旅游小贴士

地理位置：新疆维吾尔自治区阿勒泰地区哈巴河县

最佳时节：8 ~ 10 月

开放时间：全天开放

旅游景点：喀纳斯湖、白哈巴村

特色风味：烤馕、牛肉面、烤羊肉串

白哈巴村是一个边境小村，独特的人文与大自然孕育了迷人的风情。

色彩层次丰富是白哈巴村景色的特点，在不同光线下呈现不同的景色。

诺邓古镇 “盐马古道”轴心地

说起云南，没有人不知道大理、丽江，这些闻名于世的古城有着无数优美的景色。实际上，在历史文化丰富的云南还隐藏着诸多名气不显，但古韵深厚的古镇。这些古镇历经岁月的沧桑，篆刻着时光的印记，优美而多彩。诺邓古镇就是其中之一。

诺邓古镇位于云南省大理境内的深山里，是一个因盐业而发展起来的古镇，一度是云南西部地区有名的经济重镇。群山环抱的诺邓古镇有一个非常特殊的地方：自古镇始建至今的千年时间里，“诺邓”这个古镇的名称从未改变，不得不说是一个不小的奇迹。

由于盐业的带动，诺邓当地经济发展迅速，各行各业繁荣昌盛，整个古镇的规模不断扩大。因诺邓四面环山，仅有的一块平坦的台地被修建成了寺庙，所以民居建筑多是依据山势而建，绵延起伏的山丘造就了高低错落的房屋，因此房屋的地基多是由砖石垒砌，高大坚固。如今古镇的民居多分布在较为低缓的开阔地带，鳞次栉比的建筑密密麻麻，一层叠着一层，相互之间紧挨着，几乎密不透风。狭窄的街巷在民居的夹缝中依着山势弯弯曲曲，斑驳的石板路三步一阶，五步一台。幸好古镇不是很大，不然走街串巷也是很累的。

如今古镇中保存较好的古建筑，大多是明清时期的建筑，还有民国时期的。明清时期的寺庙、祠堂、牌坊、门道等古建筑有28处，还有元代建筑“万寿宫”。题名坊是当地现存最大的木牌坊，而玉皇阁建筑群则是古镇重要的古建筑。诺邓古镇的古建筑虽然也是依山而建，却建造风格多样，格局构思巧妙，在门窗、梁、柱上雕刻的图案精细美观，各具特色，各有千秋，绝少雷同。

穿行在古镇，镇上人烟稀少，几乎每家每户都是紧闭着大门，偶有几个顽皮的孩童在嬉戏打闹。也许太多的人到了外面的世界，忘却了家园。曾经繁盛的古镇因盐业的衰落也随之没落，村中那仅存的盐井虽然还有卤水细细流出，但是已不复往年兴盛的模样。

说到诺邓古镇，不能不提诺邓火腿，诺邓火腿是当地的特产之一，具有很高的知名度。而让诺邓火腿名扬全国的正是《舌尖上的中国》的热播。诺邓火腿有着悠久的历史，早在明朝就已经借助“南丝绸之路”远销海外，如今更是十分畅销，一上市就被抢购一空。诺邓火腿有着“千年等一腿”的美誉，是当地“珍稀”的特产。诺邓火腿具有制作耗费时间长、制作量少的特点。每当年末，当地人就开始杀猪制作火腿，这时的火腿质量最高、品质最为优良，腌制时味道十分香浓。如今，随着火腿名气的增大，而火腿的产量又不足，经常出现供不应求的局面。

走在诺邓古镇，显现在眼前的不是精美的建筑，熙熙攘攘的人群，有的只是安静沉默的乡村世界。比起江南巨富建造的精致典雅的园林，这里只有质朴的民居和古拙的阁楼戏台。或许正是这种静谧才能带来心灵的安详与从容。

旅游小贴士

地理位置：云南省大理白族自治州云龙县

最佳时节：四季皆宜

开放时间：全天开放

旅游景点：诺邓井旧址、龙王庙、古江西会馆、万寿宫、文庙

特色风味：诺邓火腿

诺邓古镇几乎每家每户都有煮盐的高高烟囱。

诺邓古镇的民居建筑非常有特色，红墙灰瓦，排列紧凑，点缀在青山之中，非常好看。

鼓浪屿 音乐之乡

厦门海滩上的鼓浪屿岩石峭立，嶙峋峥嵘，海浪日夜的冲击敲打，使这里形成很多幽谷和陡峭的崖壁，处处可见沙滩、礁石、岩峰的踪迹，每当潮起潮涌时，海浪拍打着礁石，声如擂鼓，相传由此才诞生了“鼓浪屿”的名字。

在这个不到2平方千米的小岛上，保存着风格各异的建筑物，令它有着“海上花园”“万国建筑博览”“钢琴之岛”“音乐之乡”的美称。岛上街道纵横，四处分布着青葱的树木，整个岛屿十分幽静。在这里长满了热带、亚热带的林木，湛蓝的海水、细腻的沙滩、鳞次栉比的红顶楼房、斑驳嶙峋的峭石崖壁……组成了一幅美丽的画卷。

夜幕渐临，极具旧风情的白色洋楼亮起了华灯。

由于历史原因，鼓浪屿上的建筑有着浓重的西方色彩，充满奢华气息的巴洛克式浮雕、神秘而庄重的哥特式尖顶……各种建筑风格在这里都可以找到。其中，建于1921年的海天堂构融合了中西方的精髓，是鼓浪屿十大别墅之一。门楼是典型的传统中国式样，重檐斗拱，还有飞翘的屋檐，而门楼前后两侧楼房采用的是古希腊风格，但是雕饰采用的却是中国传统的风格。海天堂构的中楼是里面最别具一格的一座建筑，模仿的是古代的大屋顶宫殿，“是宫非宫胜似宫，亦殿非殿赛过殿；不中不洋不寻常，中西结合更耐看”。鼓浪屿上各色中西结合的文化景观使整座岛屿充满了古典、浪漫的气息。

日光岩是鼓浪屿上最高的沙峰。岩顶上有一处天风台，这是观赏鼓浪屿的最佳地点。许多人曾在这里留下题刻，如民族英雄郑成功、教育家蔡元培……形形色色的题刻足足有 80 多处。除此之外，这里还有“天风海涛”“古朗洞发天”等文化景观。

在日光岩的下方，菽庄花园如温柔的少女静静伫立，烟波浩渺的青屿和浯屿呈现出动人的姿态，与挺立的英雄山构成了一幅立体感十足的秀美景色。走进菽庄花园，池塘、假山、楼阁，各色美景纷至沓来，彼此映衬，相得益彰。菽庄花园是一座私家花园，是当时的台湾富绅林尔嘉出资修建的，依山靠海，山与水在这里得到了完美的结合，雅致而清幽。四周还种植有葱茏的绿树和娇美的鲜花，成为鼓浪屿上一处美妙的风景。

作为音乐之乡，鼓浪屿产生了许多音乐人才，有男低音歌唱家吴天球，钢琴家殷承宗、许斐星、许斐平，指挥家陈佐湟、李嘉禄、卓一龙，声乐家、歌唱家林俊卿，中国第一位女声乐家、指挥家周淑安等。此地拥有的钢琴数量居全国之冠，在著名的鼓浪屿钢琴博物馆里珍藏着 19 世纪保存下来的各式各样的钢琴。在鼓浪屿的街巷中不时就会飘来一段优美的钢琴声，令无数游人驻足凝神细听。

旅游小贴士

地理位置：福建省厦门市思明区

最佳时节：3 ~ 5月、9 ~ 10月

开放时间：全天开放

旅游景点：日光岩、菽庄花园、皓月园、毓园、鼓浪石、钢琴博物馆、海底世界

特色风味：馅饼、鱼丸、海蛎煎

鼓浪屿带有浓郁地方特色的小店。

秀美的鼓浪屿。

第四章

广与秀的绿色海洋

呼伦贝尔草原 牧草王国

登高俯瞰，明净的河水如一条碧蓝的腰带环绕在呼伦贝尔大草原上。

蓝天、白云、青草、长河和骏马常被视为自由的象征，无数人曾梦想自己在广袤的草原上策马奔腾、放声高歌，向着无边的旷野驰骋而去，迎面的风吹乱了头发，心情也像沸水一样翻腾了起来。我想这应该就是源于内心对自由的强烈渴望吧，所以草原在腾格尔的歌声里就成了自由的天堂。

“蓝蓝的天上白云飘，白云下面马儿跑，挥动鞭儿响四方，百鸟齐飞翔。要是有人来问我，这是什么地方，我就骄傲地告诉他，这是我的家乡……”这是一首广泛流传的歌曲，可谓描写草原的经典之作，那动人的旋律和质朴的歌词总让人想起呼伦贝尔大草原。呼伦贝尔大草原因呼伦湖、贝尔湖而得名，枕卧在大兴安岭的西侧，面积广阔，水草丰茂，是有名的“牧草王国”。

美丽的呼伦贝尔被称为“千里草原铺翡翠”，湛蓝的天空中飘荡着些许白云，犹如巡视的牧马人在看管吃草的马群；远处点点白色是牧民居住的帐篷，偶尔也会传来牧民欢快的歌声，近处群群牛羊悠闲地漫步，充满活力的骏马在草原上自由自在地奔跑，远处隐隐约约传来牧民嘹亮的歌声。

在青青的草原上，被称为“天下第一曲水”的莫尔格勒河宛如一条从天上坠落的玉带，蜿蜒绵长。水深不过尺余的河流清澈见底，不时会有鱼儿轻轻游过。春夏之际，两岸绿浪滚滚，林木葱郁，蜂飞蝶舞；金秋季节，层林尽染，草木尽黄；冬季的时候，飞舞的雪花为草原穿上了崭新的冬衣，到处都是圣洁的白色。蜿蜒的莫尔格勒河明净而秀美，滋润了这片碧绿的大地。

呼伦湖，又叫呼伦池，这里有呼伦贝尔最美的景色，也是呼伦贝尔草原的标志之一。呼伦湖是我国第五大湖，呈不规则长方

旅游小贴士

地理位置：内蒙古大兴安岭以西

最佳时节：5 ~ 10 月

开放时间：全天开放

旅游景点：草原、呼伦湖、民族风情

特色风味：烤羊腿、整羊席、全鱼宴、手扒肉

草原上悠闲吃草的羊群。

澄澈明镜的溪流从丛林间蜿蜒而过。

绚烂霞光下伫立的蒙古包。

形。贝尔湖是中蒙两国共有的湖泊，在中国境内只有十五分之一左右，为淡水湖，与呼伦湖为姊妹湖。是关于呼伦湖和贝尔湖还有一个凄美的传说。相传，呼伦与贝尔是一对恩爱的情侣，一天妖魔看上了呼伦的美貌，抢走了她。贝尔追赶妖魔与其拼杀，在危难之际，呼伦欺骗妖魔说："你头上的明珠若给我一颗，我便嫁给你。"忘乎所以的妖魔就把头顶上两个明珠中的一个给了呼伦，呼伦把明珠吞进肚子里化作了湖水。贝尔在妖魔威力减小的时候，趁机射杀了妖魔，获得了另外一颗明珠。满心欢喜的贝尔带着明珠去寻找他心爱的姑娘，但此时的呼伦已经变成一汪清澈的湖水，伤心不已的贝尔也吞下了明珠，化作贝尔湖，与呼伦一起守护着他们的家园。

这凄美的爱情传说更为呼伦湖增添了远离尘嚣的静美，站在湖边，碧波淼淼，天水一色，微风夹杂着花香掠过一望无际的原野，偶尔还会有身姿矫健的海鸥掠过湖面……所有的一切组成了一幅令人沉醉的美丽画卷。

捧起一碗马奶酒，一饮而尽，再跨上骏马，奔上远处的山峰，去追逐天边的彩虹，悠扬的马头琴在远方又一次响起。到了夜晚，星辰点缀夜空，篝火在熊熊燃烧，人们开始相拥跳舞，大家忘情地歌唱，似乎忘却了所有的烦恼。

草原上驰骋的骏马。

西双版纳 动植物王国

西双版纳就像一个百宝箱，里面珍藏着无数的奇珍异宝，温暖的气候和湿润多雨的天气是这里生态系统保存完整的有利条件，动植物种类极其丰富，故而被称为“动植物王国皇冠上的绿宝石”。

旅游小贴士

地理位置：云南省西双版纳傣族自治州

最佳时节：10月至次年6月

开放时间：08：00～18：00

旅游景点：热带雨林、野象谷、傣族园

特色风味：香茅草烤鱼、香茅草包蒸鸡、酸笋煮鱼、酸笋煮鸡、菠萝紫米饭、黄蚂蚁蛋、油炸青苔、包烧鲜鱿、卵石鲜鱼汤

精彩绝伦的大象表演。

西双版纳是一个可以尽情发挥想象的地方，数千种动物在这里出没，有些比较常见，有些则是十分罕见的珍稀物种。这里有很多国家级的保护动物，如金钱豹、亚洲象、小灵猫等。若你喜爱那些美丽可爱的动物就一定不要错过这里。

除动物外，西双版纳也有很丰富的植物资源，有些是非常罕见的品种，甚至还有不少是濒危的物种。同时，还有将近上千种植物尚未被人们所认识。植物种类之多实属罕见。

西双版纳是一幅充满了绚丽色彩和勃勃生机的美丽画卷。茂密的原始森林，各色花朵悄然绽放，大象、孔雀在林间悠然漫步，清脆的鸟鸣在林中响起，美丽的傣族姑娘不时地从你眼前走过，留下阵阵清香……

在这里，动物才是主角，蜥蜴、鹦鹉和在树林间跳来跳去的松鼠无不给人带来快乐，还有精彩绝伦的大象表演，给人带来了无限的欢乐。如果这个就令你惊讶，那么神奇的百鸟园则会更令人惊叹：穹顶下是数不清的鸟儿在翩然飞舞，它们伸展出美丽的翅膀在缤纷的花朵中穿梭，或停留在嫩绿的细枝上小憩，在阳光的照射下恍若精灵，美好得如同甜蜜的童话世界，偶尔有几只调皮的小鸟落在游人的肩上。

沿着林间小路不断向前，各种各样的植物一一展现在眼前，有娇艳的美蕊花，有美丽、淡雅的薰衣草，还有妖娆曼妙的曼陀罗……如此丰富多彩的植物家族令人大开眼界。还有造型十分奇特的王莲，它的叶子就好像一个巨大的绿色圆盘，总是静静地漂浮在水面上。

漂浮在水面上的王莲，像极了绿色的巨大圆盘。

“不看望天树，白到版纳来。”望天树也是西双版纳的独有树种，主要分布在勐腊自然保护区，它是典型的热带树种，对环境要求极为严格，数量稀少，为国家一级保护植物。数十米的高度使望天树成为热带雨林中的霸王，被称为“雨林巨人”。望天树的树干十分高大挺拔，几入云霄，茂密的枝叶舒展开来，就好像巨大的绿伞，为人们遮挡酷暑。

“雨林巨人”望天树。

在西双版纳除了美景，还有民族风情。这里有许多少数民族的同胞，有傣族、布朗族、哈尼族等，他们独具特色的文化和民族习俗吸引了众多的游人。泼水节是傣族最著名的节日。每年 4 月份，家中的男女老少都会穿上为泼水节准备的服装，随着悠扬的旋律一起快乐地起舞。泼水活动一般有两种形式，拿根树枝沾一些水然后轻轻地洒在其他人身上，这种泼水方式叫作文泼。既然有文，那就必定有武。武泼就是将满满的一盆水全部泼到别人身上。在这一天，被泼水最多的人，就意味着这一年拥有最美好的幸福。这个节日表达了傣族人期望自己的族人永远幸福安康的美好意愿。除此之外还有精彩的赛龙舟和丢包的活动。

泼水节是傣族著名的节日，在每年的 4 月中旬。

在这片绿色的海洋里，每一棵树、每一朵花，都像是跳动的精灵散发着迷人的气息，让漫步其中的游人沉醉不已。如果西双版纳之旅在你的计划里，那就不要迟疑了，因为在这里你收获的不仅仅是相机中的美景照片，还有难以言表的快乐。

西双版纳地处热带，物种丰富，是一个绿色的海洋。

那拉提草原 美丽的空中草原

风光秀丽的草原上点缀着些许红花，充满了盎然生机。

那拉提草原，在蒙古语中意为“太阳升起的草原”。相传成吉思汗西征时，有支蒙古军队途经此地，正值春日但这里却风雪弥漫，忽然一片宽阔的草原出现在眼前，清冽的泉水发出“泠泠”的响声，人们在灿烂的阳光下呼唤着“那拉提、那拉提”，于是这片草原从此便被命名为那拉提草原。

那拉提草原三面都是山，清澈的河流在这里蜿蜒穿梭，它就好像一块纯净的翡翠点缀在天地之间，明亮而动人，“三面青山列翠屏，腰围玉带河纵横”正是对那拉提草原生动的写照。重重叠叠的山峰，丰沛的水草，澄澈明净的天空偶尔有白云飘过，对它的了解越深，越能够发现那拉提的美，它如同一幅徐徐展开的画卷，厚重的历史文化和独具特色的民族风情使这里更富有魅力，勾动人们的心弦。

那拉提草原风景区壮观的大门。

走进美丽的那拉提，草原上浓郁的绿令人晕眩、震惊。那醇厚的绿色如同真正的祖母绿，目击那一瞬就已经俘虏了你的心；那草原的绿又好像无瑕的翡翠，仿佛在空气中轻轻流转，流进你的眼睛里，流进你的心坎里。

那拉提是宁静的，也是恬美的。它静得让人安宁，美得让人窒息。漫步在茫茫大草原上，放眼望去，湛蓝的天空飘过一朵又一朵的白云，灿烂的阳光穿过厚厚的云层射下万道光芒，为草原披上了一层金黄色的外衣；牧民赶着羊群渐渐没入天际线，袅袅炊烟徐徐升起，画出一抹悠然的淡泊；一座座毡房好像一朵朵洁白的小花点缀在宽广的绿色毛毯上，十分醒目；山泉不经意地从岩隙间汩汩冒出，肥壮的马儿慵懒地在草原上闭目养神，一切都是那么的悠闲而宁静，不愧“美丽的空中草原”之誉。一山四季，是那拉提高山河谷草原的一大特色景观，远处的天山上覆盖上了一层白皑皑的雪，山坡上长满了翠绿的雪

蜿蜒曲折的公路在那拉提草原上无限延伸。

旅游小贴士

地理位置： 新疆伊犁哈萨克自治州新源县那拉提镇

最佳时节： 6～9月

开放时间： 09：00～21：00

旅游景点： 草原生活体验区、森林峡谷观光区、休闲旅游度假区、原生态环境保护区

特色风味： 马肠子、窝窝馕

松，山脚下是茂盛的青草地，上面点缀着些许美丽的花朵，山顶上融化的雪水，缓缓流淌下来，最后汇入了伊犁河……

冬季的那拉提另有一番美景。那无边无际的白雪覆盖了整个世界，将草原变得一片纯洁，挺拔的松柏在渐渐变高的山坡上相互融合成林海，碧绿色的海洋与雪白的山峰相互映衬，绿者愈发显绿，白者更增其白。

夜幕将临，当最后一缕霞光隐没在山后时，那拉提是那么的平静而温柔。居住在这里的哈萨克人热情好客，散发着浓浓香味的奶茶是他们招待尊贵客人的时候才会捧出来的。还有香飘四溢的烤全羊和美酒都是这里令人难忘的美食。在悠扬的歌声中，哈萨克人和游人一起跳舞，发出阵阵欢声笑语。

那提拉草原清新、幽远，又透着盎然生机，潺潺溪水从高山融雪中而来，仿佛采集天空的云彩，总是趁着夜色悄然浸入人们的心扉，润泽人们的心灵，带给人们纯洁和宁静。徜徉在那拉提的怀抱里，无论是漫步在大草原，还是穿梭在幽谷，总能让人陶醉。

茵茵草原上悠闲散步的牛羊。

坝上草原 远离喧嚣的净土

坝上草原是一个神秘而又美丽的地方，铺天盖地的芳草香瞬间就会让你忘记都市的喧嚣与烦恼。放眼望去，五彩缤纷的鲜花在草原上绽放，为单调的翠绿增添了许多生动的色彩，远处时而低头吃草、时而互相嬉戏的牛羊又为草原增添了些许的灵动之美。

旅游小贴士

地理位置： 泛指张家口市以北100千米处到承德市以北100千米处

最佳时节： 5～10月

开放时间： 全天开放

旅游景点： 塞罕庙、林海雪原、公主湖、桦木沟、五彩山、大峡谷、湿地公园、月亮湖

特色风味： 手把羊肉、莜面窝子、烤全羊、烤羊腿、柴鸡炖蘑菇、萨其玛

坝上草原有着最美丽的风景。春天的时候，草原上的一切都从沉睡中苏醒过来，一片生机盎然的景象；夏天的时候，苍穹压顶，天空好像和大地连接在了一起，彼此不分；秋季的时候，坝上是五颜六色的世界，有黄松、红枫和柞树，浓重的色彩就好像调色盘染成的旖旎世界；冬天的时候，漫天的飞雪覆盖了草原，整个大地都是纯洁的白色，世间万物异常的静谧。

每年的七八月份是草原上最美丽的时节，而最令人尽兴的便是骑上骏马，在无边无际的大草原上纵情驰骋。马儿兴奋时，会由着自己的性子在草原上撒欢儿，或嘶鸣不断，或低头不语，而马蹄踩着草地一路疾驰而去的“嘚、嘚”声却是丝毫不曾间断。碧绿的草原就好像是绿色的海洋，高处的小丘、低处的平地形成起起伏伏的线条，放眼望去，就像一波又一波的绿色波浪从天边涌过来，白色的牛羊在草地中若隐若现，“风吹草低见牛羊”的画面就在眼前徐徐展开。所有的一切都是那么的安静、美好，一切压力都在眼前这片柔美的大草原里得到了释放。

夜幕降临之时的草原异常迷人。一轮明月当空照，万点星光布穹庐，南来北往的客人们围坐在烧得旺旺的篝火旁，或饮，或唱，或弹，或跳，热情的牧民早就准备好了丰盛的晚宴，在悠扬的曲调中，欢乐歌唱，尽情释放快乐。夜深时，独坐在草原上，仰望深邃的夜空，低吟一首绮丽的小诗，自饮自乐，自思自索，细细品味草原的寂静之美和草原之夜的浪漫情趣，也不失为一种妙趣。

春季的坝上草原，风光秀丽。

坝上草原冬韵。

凌晨的草原另有一番景色。踏着细软略带潮湿的草地，闭眼聆听白鸟的歌唱，草原的空气是如此的清新自然，一轮鲜艳的红日慢慢跃出地平线，当第一缕阳光射入眼睛时，眼前的一切都变得金灿灿了。天边的云霞被镶上了一道金边，渐渐地，又晕染开来，最后把整个天空染成了金色。晶莹的露珠在碧绿的草尖上慢慢地滚动下来，落在地上碎成了无数颗闪烁晶莹、透着青翠绿意的珍珠。

蜿蜒的闪电河就好像一条透明的玉带在碧绿的草原上伸向远方，最后汇入微波荡漾的闪电湖，湖水十分清澈、纯净，水底的水草清晰可见，鱼虾在湖水中自由游弋，各种水鸟飞掠湖面，轻点芦苇，为原本静止的画面增加了一份灵动。

笔直挺拔的白桦树是这里的精灵，显示出卓尔不群的气势，阳光从重叠的树叶间洒下斑驳的影子，修长的树干如同精心装扮过的少女，色彩绚烂的枝叶为草原增添了丰富的色彩，向人们展现了草原动人、美丽的秋景图。

这里远离了浮华、吵闹的都市，只有宁静和祥和，人们可以在这里呼吸着清新的空气，尽情享受自由的时光，听着牧羊人悠扬的歌声，间或夹杂一二记清脆的鞭响，实在是梦一样的美妙时光啊！

村落中的袅袅炊烟为这人间仙境增添了些许的烟火气息。

霞光为坝上披上了一层绚丽夺目的外衣。

大兴安岭 金鸡冠上的宝石

春夏季节，郁郁葱葱的大兴安岭一望无际，被称为是“金鸡冠上的绿宝石”，高低错落的山脉形成大兴安岭连绵起伏的森林，风吹过如同浩瀚无边的汪洋大海掀起巨大的波浪，万叶萧萧，如同一曲交响乐响彻在这片神秘的世界。

巨大而神秘的森林总会孕育无数的生灵，数百种野生动物世世代代在这里繁衍生息，它们就好像一个庞大的家族。还有数千种植物遍布在大兴安岭的每个角落，为动物们的生存提供了良好的环境。笔直挺拔的兴安落叶松是这里极为常见的树木，在陡峭的山坡上一层又一层地向远处铺展，俊秀的样子就好像一位身形修长的绅士。

缭绕的云雾弥漫在整个大兴安岭。

四季的不同造就了大兴安岭不一样的美景。随着季节的变化，层层叠叠的林木仿佛变色的画布，春季的青翠、夏季的碧幽、秋季的苍黄以及冬季的洁白，在天地间展示着自己优美的身姿。特别是在寒冷的冬季，大兴安岭的冬季来得早，飘飘洒洒的雪花笼罩整个森林，原本水流潺潺的河水被冰面覆盖，高耸的林木间悬挂着犹如玉条的冰凌，一个白雪皑皑、晶莹剔透的世界就这么出现在世人眼前了。

大兴安岭向东西延伸，面积十分广阔，在森林的深处潜藏着无数美妙的风光。这里有数个国家级景区，主要景点有胭脂沟、北极村等。每年有无数的游人来到北极村渴望邂逅最美的北极光。加格达奇北山公园和莫尔道嘎国家原始森林公园中有无数的美景，这些景色，或雄奇壮丽，或清丽娟秀，不一而足。

大兴安岭的东南方向有连绵不断的青山岩臼，这些青山岩臼造型千奇百怪，有的像极了大缸，有的像木桶，还有的像猴子……如丝如纱的瀑布、清澈的溪流、葱绿的树木等散落在各处，所有的一切都还保持着最原始的面貌。在景区内，山峰绵延起伏、群峰叠嶂、犬牙交错，仿佛一道巨大的屏障阻隔着世外喧嚣。茂密的白桦林和紫桦林像勇猛的卫士坚定地守卫着这片圣洁之地。秋季的时候，这里的林木都染上了一层绚烂的颜色，明亮的黄色和浓烈的红色彼此映衬，此时是大兴安岭最美的时刻。那一条条沟中小溪，清澈见底，也给青山增添了些许灵秀和柔美。

大兴安岭，一个美丽而又神秘的地方，在森林深处有无数美丽的秘密等着被探索和发现。

旅游小贴士

地理位置： 黑龙江省西部、内蒙古自治区东北部

最佳时节： 6～8月

开放时间： 全天开放

旅游景点： 北极村、胭脂沟、漠河、呼中自然保护区、映山红滑雪场、鹿苑山庄

特色风味： 笨鸡炖尖蘑、鳕鱼炖豆腐、烤狗鱼、红烧细鳞鱼

清晨的大兴安岭如同笼上了一层朦胧的细纱，缥缈而静谧。

傍晚时分，西下的夕阳为大兴安岭染上了绚丽的色彩。

西溪湿地 中国湿地第一园

杭州有“三西”——西湖，西溪，西泠，每个地方都具有独特的景观，其中西溪湿地是景观最为丰富的一处，这里的湿地景观不仅融合了城市和生态，还加入了文化的气息，使这里更具有魅力，构建出一片自然与人文交织的诗画田园。杭州西溪湿地以优美的风景成为杭州最具标志性的景点之一，它不仅向世人呈现着江南诗韵的传统古风，而且随着时代的变迁也融入了新的活力。

三堤十景是西溪湿地的主要景观，三堤分别是福堤、绿堤和寿堤，而十景则有秋芦飞雪、莲滩鹭影、火柿映波和洪园余韵等景观，仅从名字就可以知道这里的景观充满了诗情画意的美和婉转悠扬的韵味。

三堤是西溪观景游玩的天然向导，当你漫步其中，行进间便可大饱眼福。福堤从南到北贯穿了整个西溪湿地，中间有六座桥，如元福桥、永福桥等因为名字里都带有一个“福”字，所以就叫作福堤。东面是蒋家港，西边是深潭口港，分别坐落着多处景观，像一条文化长廊将你引入古镇集市的深处。绿堤是西溪湿地植物园的所在地，向东西延伸，距离城市很近，在这里可以看到许多的鱼塘和植物园，更像是自然生态的展览馆，城市的喧嚣渐渐向大自然的宁静祥和过渡，沿堤岸漫步，心境不禁被这里的生态本色所感染。寿堤是三堤中最长的一条，往南连接着五常大道，往北可以到达水上巴士码头，沿着寿堤一直往前走，秀美的景色一一现于眼前，如一幅美丽的画卷。放眼望去，四周连绵的群山和苍葱翠绿的树木皆倒映水中，令人着迷沉醉。

走水路也别有风味，可以租一条小船，随水入境，十景徐徐浮现眼前。杭州西溪湿地十景中的莲滩鹭影是这里最不能错过的美景。划船进入观鸟区，天地逐渐变得辽阔，宽阔的水面上微波

旅游小贴士

地理位置： 浙江省杭州市

最佳时节： 四季皆宜

开放时间： 08：30 ~ 17：30

旅游景点： 西溪水阁、泊庵草堂、烟水渔庄、周家村

特色风味： 葱包桧儿、油冬儿、馄饨小笼、酥油饼

落日余晖下的西溪湿地柔和而美丽。

湖水倒映着岸边古色古香的建筑。

⊙身处古朴的街道，仿佛时光倒流回到了古代。

荡漾，水边生有茂盛的芦苇。若是赶上夏季荷花盛开，便可看到“接天莲叶无穷碧”的美景。美丽的白鹭在这里舒展着翅膀，翩然飞舞，掠过河中的游船，落在水中或嬉戏，或捕鱼，或藏在沙洲草丛中鸣啭不绝，颇有野趣。要是碰巧再遇上端午节龙舟盛会，那更是万幸之至，站立岸边，观看几十位大汉在鼓声雷动下精神抖擞地齐齐振臂划桨，展现出惊人的气势。时近黄昏，也不用担心，可以去欣赏五常港东的蒹葭泛月，夜幕四合之际，明月初照，风吹蒹葭，平静的湖面泛起层层涟漪，蒹葭叶片片相接涌向天边，朦胧的月色洒下一层银辉，幽幽如幻。

若在金秋时节泛舟于此，就能亲眼看见火柿映波的美景，夹岸的柿子玲珑剔透，坠挂在枝头上，宛如灯盏，格外诱人，加上天高云淡，浓浓的乡土气息瞬间涌上心头，明媚而温馨。天寒落雪的时候，最好别错过秋雪庵的“秋芦飞雪”，天女散花，漂白大地，秋芦瑟瑟，临风听雪，不经意间撩拨起了多少游人的诗兴。初春时节很适宜曲水寻梅，大地回暖，万物复苏，尽管有些寒意，但还是挡不住那些寻景之人，梅香飘飘，傲寒而立，令人倾怀。除却高庄宸迹和河渚酒家，洪园余韵也值得领略一番，看看江南的楼阁飞檐，亭台斗拱，出入之间不禁思绪穿越时空，回归前朝，仿佛又看到旧人玩闹在假山碧池旁边。小桥流水人家，泊船渔村，可以与人畅谈。烟雨缥缈，恍似仙境，每一间屋舍，每一条街巷，每一个乡亲，都可入画，都可成诗。

⊙在乌篷小船的摇橹声中观看西溪的美景。

蜀南竹海 中国赏竹胜地

古来文人墨客无不对号称“四君子”的梅、兰、竹、菊赞赏有加，要说哪一种更胜一筹，却是无从分辨的，只能以个人喜好而断。单就竹来说吧，古人关于竹的赞美可谓是数不胜数，其中尤以苏轼最痴，他曾说道：“宁可食无肉，不可居无竹。”清代以画墨竹闻名的郑板桥也曾写下“千磨万击还坚劲，任尔东西南北风”的诗句赞美竹的坚韧品质。由此可见，竹早已超脱了植物的范畴，成为高洁坚韧品质的象征。若你也是个竹迷，那么集万千竹韵于一身的蜀南竹海就万万不能错过。

旅游小贴士

地理位置：四川省宜宾市

最佳时节：春、秋季

开放时间：全天开放

旅游景点：天宝寨、仙寓洞、青龙湖、七彩飞瀑、万江景区

特色风味：全竹宴、鸡丝豆腐脑、竹筒黄酒

茂密的竹林在这里随处可见。

李白的一首《蜀道难》，曾令许多人对川蜀美景望而却步，若你也如此，那么恐怕要错过许多美丽的景致了。位于四川的蜀南竹海藏身在的山岭间，进入四川盆地往南抵达宜宾，亚热带季风气候在这里绘制出了一片深绿的密林。蜀南竹海既有幽深、秀美的意境，更有雄奇、险峻的壮观之势，享有“中国最美的十大森林”和“中国生物圈保护区”等众多美誉。

隐藏在竹林深处的小屋。

从远处观望，缭绕云雾在竹林间翻涌，山岭苍翠如滴，仿佛绿色海浪层层卷动舒展。进入林中，寂静清幽的氛围立即裹挟周身，沿着石阶徒步徐行，古道两侧的竹子笔直站立、遥指青天，而脚下道路曲折地转入竹林深处，后面的景致则渐渐在下个路口浮现，可谓曲径通幽、惊奇有趣。

旅行途中常会碰见身着民族服装的当地人，如果愿意，你可以与他们结伴而行。道路沿山而上，不远处的山谷中传来阵阵涛声，加快脚步走上去定睛一看，七彩飞瀑横空而出，遥挂在对面的山壁上，白绸缎似的水流飞泻千丈，在阳光下七彩呈辉。

清幽静雅竹林间横卧的佛像展现了古人精湛的雕刻技艺。

往上看，山顶处飞檐斗拱伸出竹林的包围，偶然传出几声沉沉的钟鸣，那就是龙吟寺了。寺院依山而建，气势雄浑，宛如腾龙盘山，横卧竹海，青瓦红砖，熠熠生辉。经庙门牌坊进入院落，禅房花木，潭影悠悠，空灵凝碧，香烟缥缈。穿行在楼宇殿堂之间，各种石雕映入眼帘，坐佛栩栩如生，姿态悠然。

竹的清韵雅致在蜀南竹海中展现得淋漓尽致，翡翠长廊和古战场以神秘、悠远的独特景致不断地吸引着游人来这里探索。

扎龙湿地 鹤之仙乡

在黑龙江省齐齐哈尔市境内的扎龙湿地漫步，不时就会有叫不出名字的鸟儿从身旁掠过，有许多还是从远古时期就生存下来的珍稀鸟类。这里是鸟儿的乐园，它们在这里或嬉戏玩耍，或驻足休憩，充满了自然的乐趣。扎龙湿地水面有 13 平方米以上，河流纵横，湖泊广布。清澈的乌裕尔河与双阳河像两条美丽

旅游小贴士

地理位置： 黑龙江齐齐哈尔市境内

最佳时节： 4～5月、8～9月

开放时间： 08：00～16：00

旅游景点： 榆树岗、龙泡子、土木克西岗

特色风味： 四叶菜、山芹菜、东北炖菜

霞光下的丹顶鹤宛如优雅的女子静静而立。

的丝带在草地上蜿蜒流过，明亮的湖泊就好像一颗颗散落在草地上的珍珠，散发着莹润的光泽。举目远眺，广袤无垠的水面上，一片浩浩荡荡的芦苇丛向远处铺开，仿佛一条绿色的毯子，波澜壮阔，把露出水面的沙渚浅滩遮盖得严严实实。天空一碧如洗，湖水也因为天空的映衬而变得更加纯净。等到夏季水面上升，湖泊渐渐相连成一体，天地平阔，十分壮观。

站在观景台上往西看，浩瀚的扎龙湖就会映入你的眼帘，在当地，人们都管它叫仙鹤湖。此地水域辽阔，千里澄澈，如同一面镜子，在阳光的映射下，耀眼夺目。如果遇上风起，就会有层层叠叠的波纹渐渐皱起，慢慢向远方散去。偶然有些小鱼浮到水面上来，吐出一圈圈的水泡，或者拥在岸边抢游人抛下的鱼食，十分有趣。

扎龙湿地聚集着许多珍贵的鸟类，这里尤其是仙鹤的家园，最壮观的就是一齐放飞仙鹤的时候，为此，这里专门设置了观鹤台供游人观赏群鹤齐飞的壮观景象。丹顶鹤有着洁白的羽毛和黑色的尾羽，头顶一抹鲜亮的红色在团团的白色中格外醒目。它们迈着轻缓的步伐在草地上游走，修长美丽的身姿就好像一位优雅的少女。过一会儿，就会有一两只开始引颈高歌，张开雪白的翅膀，翩翩起舞，惹人怜爱。还有几只贴着水面飞起来了，缓慢地震动双翼，优雅动人。丹顶鹤对爱情非常忠贞，如果伴侣逝去，另一只则会守候终生，所以人们也常以丹顶鹤象征坚贞的爱情。

丹顶鹤齐飞的景象非常壮观。

在春光灿烂的时候微风轻轻吹来，随着小舟的起伏，不免让人有几分睡意，那么就放任自己入梦吧，暂时忘却那些忙忙碌碌的事情，彻底醉一回。

若尔盖草原 高原绿洲

若尔盖草原如同一块绚烂夺目的绿色丝绸飘落在群山的怀抱中，素来被称为“川西北高原的绿洲”，有一种宽广的美。蜿蜒曲折的河流，星罗棋布的湖泊使这里常年牧草丰茂，物产丰富，牛羊健硕。

来到若尔盖草原，第一眼看到的是蓝天白云和绿草，第二眼必然是“黄河第一湾”。和我们常见的黄河不同，上游的水流清澈干净、平静缓慢，它那完美的弧线深深地印在了辽阔的

蔚蓝天空下的九曲黄河湾异常壮观。

旅游小贴士

地理位置： 四川阿坝藏族羌族自治州

最佳时节： 5 ~ 10 月

开放时间： 全天开放

旅游景点： 黄河第一湾、牧场村

特色风味： 糌粑、角玛饭、酸奶子、奶饼、烧馍、酸菜面块

宽敞舒适的蒙古包是若尔盖草原上最具特色的民居。

天地间，仿佛一条巨龙从绿波中腾出，飞向远方。绿绸缎上耀眼的宝石，就是若尔盖草原的湖泊，每一泓碧波都映着白云的倒影，偶尔也会有几只飞过的天鹅入景。由于湖泊多，若尔盖草原有着十分丰盛繁茂的水草和种类繁多的动植物，因而这里的畜牧业很发达，尤其盛产名马和牦牛，有名的唐克马和墨洼牦牛就出自这里。

草原上晴朗的天空如同一块湛蓝的画布，变换着形状的云彩在天空中缓缓浮动，有时候像调皮的小羊，有时候飞卷的样子像极了可口的冰激凌。辽阔的草原好像一眼望不到尽头，零星散布着蒙古包和成群结队的羊群与奔驰的骏马，这里没有快节奏的生活和匆忙的脚步，有的只是闲适和安逸。

当春天来临的时候，万物复苏，冰雪也开始慢慢地融化，此时的若尔盖草原换了一幅样貌，青草长出嫩嫩的幼芽，在春风中随风飘荡。不远处白色的蒙古包在碧绿的草原上十分醒目，宛如点缀在绿色丝带上的小白花，清雅而美丽。无拘无束飞奔的骏马令人无限向往，隐隐约约传来嘹亮的歌声，宛转悠扬的曲调在耳边不断地回响，十分动人。

若尔盖草原的夏天是一个令人心生愉悦的季节，若是此时来到这里，你会觉得自己被绿色的海洋包围着。稀稀落落的蒙古包中升起的袅袅炊烟为这洁静之地增添了许多的生活气息。夜晚的

若尔盖草原上的羊群，远远望过去如同白色的毛毯。

夕阳下的若尔盖宁静悠远。

若尔盖草原一片静谧，月色皎洁，在夜幕下散发着迷人的光彩，清风徐来，微黄的灯火摇曳不停，幽幽虫鸣和萋萋芳草香把月夜下的草原装点得更加宁静、祥和。与大都市里朦胧、昏黄的月亮不一样，草原上的月亮十分皎洁，就好像大大的圆盘高挂在天空中，为草原披上了一层银纱。

秋天的草原到处都是金黄色的，天空是湛蓝的，云朵是洁白绵软的，极目远眺，一眼望不到尽头，连绵的群山此时也换下了碧绿的衣裳，披上了多彩的秋裳。被成熟的草籽压弯的穗头随着秋风摇晃，好像在对每一位游人说着欢迎。

寒冬降临后，喧嚣的声音渐渐消失，温馨而宁静，人们在炉边烤火，跳舞唱歌，享受短暂的闲歇。之后草原就进入了冬眠的状态，漫天的雪花随着寒风飞舞，飘落下来覆盖着大地，世间万物都慢慢地沉睡了，等待下一个春天到来。

秋天的若尔盖草原披上了一层金黄的外衣。

祁连山草原 黄金牧场

祁连山是一个美丽而神秘的地方，“祁连六月雪”的景观令人惊奇，耸立的高山和厚厚的积雪在这里形成壮观的冰川地貌。丰盛繁茂的水草使这里成为我国最美丽的草原之一。这里还分布着纯洁的雪莲花和珍稀的蚕缀，平坦的地形孕育了远近闻名的山丹军马场。

祁连山草原历史相当悠久，可以追溯到古老的匈奴王国，在古代匈奴语中，祁连山还有一个意思就是“天之山”，以此来表明祁连山在当地居民心中的神圣地位。但是在藏族的史诗巨著《格萨尔王传》中祁连山草原是“黄金莲花草原”，在蒙古人和尧熬尔人眼中美丽而宽广的祁连山草原就是“黄金牧场”，漫山遍野的哈日嘎纳花为他们平静祥和的生活增添了亮丽的色彩。

挺直俏拔的树木是秋色中靓丽的风景线。

祁连山草原美在绿草如茵、牛羊成群。这里无边无际的绿色，浓得化不开就好像绿的海洋，在灿烂的阳光下绿油油一片，尤其是在雨后，这绿更是青翠，空气中都泛着清新的青草香。蜿蜒的河流就是绿海上的波浪，而成群的牛羊就是海浪上的朵朵浪花，为这一望无际的草原增添了一抹生动的色彩。

春天的降临使枯黄的草原重新焕发了生机，湛蓝的天空中是朵朵洁白的变换着不同形状的云彩。温暖的春风吹拂着大地，吹散了寒冷，远处洁白的蒙古包在晴朗的天空下十分醒目。快乐的牧羊姑娘慢慢地走了过来，一边放牧，一边唱起了悠扬的歌，歌声在广阔的草原上久久不散。

当阳光冲破云层一缕一缕地洒向大地的时候，新的一天就这样开始了。此时的草原，雾气还没来得及散去，有着顽强生命力的小草从圆圆的稻草堆里探出头来，一颗晶莹的露珠缓缓从上面落下来，渗入泥土里。远处是休息了一晚的牛羊在清澈的河边悠闲地吃着青草，还有马儿慵懒地打着响鼻，这是多么静谧的画面呀！

等到夜幕逐渐降临的时候，夕阳的余晖为碧绿的草原覆盖上了一层暖色调的外衣，一切都变得朦胧而富有诗意，险峻的山峦也增添了一丝柔和的美，草原在这一刻尽情释放自己独特的魅力。漫天的星光就如同细碎的钻石在漆黑的夜幕下闪烁出璀璨晶莹的光芒，高挂的明月异常皎洁，淡淡的光辉落在草原上，如同缥缈的云纱，十分美丽。

旅游小贴士

地理位置： 甘肃省武威、张掖两地区和金昌市部分地区

最佳时节： 7～8月

开放时间： 全天开放

旅游景点： 祁连山草原

特色风味： 图子、奶茶

壮美的草原风光。

巴音布鲁克草原 富饶之地

位于新疆巴音郭楞蒙古自治州和静县西北的巴音布鲁克草原是我国的第二大草原，海拔 2500 米左右，四周环绕着众多的雪山，因而这里有着充足的水资源，所以在蒙古语中巴音布鲁克草原就代表着“富饶的泉水”的意思。丰盛的水草使这里的畜牧业十分的发达。

天鹅们的乐园——天鹅湖。

巍峨壮观的大山好像一柄刀斧把草原切割成两个盆地，这里不仅有明净的开都河，还有着天鹅聚集的天鹅湖，秀美中带着纯净的气息，优雅的天鹅无忧无虑地在这里休憩、玩耍，简直就是世外桃源。

因为地势的原因，这里没有挺拔的树木，只有碧绿的、望不到边的“苏油草”，在蓝天白云下呈现出勃勃生机。山上融

蜿蜒的河流、秀美的草原构成一幅优美的画景。

旅游小贴士

地理位置： 新疆维吾尔自治区巴音郭楞蒙古自治州和静县西北

最佳时节： 4 ~ 10 月

开放时间： 07：00 ~ 19：00

旅游景点： 巴音布鲁克草原、大龙池、小龙池

特色风味： 烤全羊、奶茶、烤羊肉、酸奶子

化了的冰雪和细雨的滋润使这里汇集了很多的湖泊和沼泽，还有曲折蜿蜒的河流，于是就有了开都河的“九曲十八湾”。辽阔的天地间，高山草原显得更加旷远，河流如玉带飘摇，令人心旷神怡。

远处披着霞光的晨露，晶莹透亮，在阳光下折射出七彩的光。马匹在小丘上吃草，偶尔还会听到它们的叫声，山坡下慵懒地躺着几只奶牛。它们成了一望无际的草原上流动的风景，显得草原愈发的生机盎然。太阳破开天边的云彩，从一只橙色的橘子，慢慢变成一团熊熊的火焰，草原上的风景便也随着光线的强弱呈现出多面的风情。

黄昏时分，夕阳余晖映照下的巴音布鲁克大草原景色尤其瑰丽。“落日熔金，暮云合璧”，九曲十八弯的开都河像一条舞动的长蛇，缓缓爬行在莽莽草原上。牛羊马匹四散开来，悠闲地吃着草，时不时停下来转头望一望即将沉没到地平线以下的夕阳，仿佛知道夕阳完全沉没后就是归圈歇息的时刻了。雪白的蒙古包此刻也被夕阳涂成了橘褐色，远远望去，像一个个大蘑菇卧在山坡上。身姿矫健的牧者骑在马背上来回奔跑，时不时打一个响亮的呼哨，甩一记长鞭，把四散的牲畜慢慢驱赶到一起。因为，草原的夜马上就开始了。

夜幕下的草原向人们展现出了迷人的另一面，漆黑的夜空中，星光点点闪烁，像极了在不停眨动的明亮的眼睛。月光分外明亮，银色铺满一地，山和草原都蒙上了一层幽幽的光晕，影影绰绰，神秘诱人。草原上的“夜生活”也是极丰富的。马头琴声响起，人影攒动，粗犷的歌舞是草原民族最热情的待客礼仪，还有香喷喷的牛羊肉和醉人的马奶酒，快乐的气氛感染着所有的人，使那些烦恼和忧愁都随风飘散，只余一片欢声笑语。

“落日熔金，暮云合璧”，九曲十八弯的开都河像一条舞动的长蛇。

第五章

奇与幻的沧海遗珠

林芝 高原秘境

喜马拉雅山和唐古拉山就好像两条坚实的臂膀怀抱着林芝，“南迦巴瓦”雪峰就是这臂膀上的点缀，还有美丽的藏布巴东瀑布群，只要看过便会深深地印入脑海中，难以忘怀。

漫步林芝，最先看到的就是如画般秀丽的风景。高耸的山峰上密密分布着的是青翠欲滴的松树和柏树，好像一块巨大的绿毯，一眼望不到边。洁白的云朵在蔚蓝的天空中缓缓向前移动，好像随风飘展的白纱裙。一望无际的碧绿毯上点缀着些许花朵，成群结队的牦牛在绿草间悠然散着步，洁白的羊群挤在一堆吃草，金黄色的油菜花在清风的吹拂中送来阵阵的清香，茂盛的青稞也随风涌起阵阵波浪。所有这一切，无不让人心旷神怡。

碧绿的尼洋河奔腾不息，最后汇入雅鲁藏布江的怀抱，波涛滚滚的气势令人心潮澎湃。同一条江水中，竟然奇迹般地流着两种不同颜色的水，一半碧绿，而另一半有些浑浊，真可谓“泾渭分明”。

阳光的照射使雪山闪烁出耀眼的光芒，异常壮丽。

抬头仰望眼前与天际相接的南迦巴瓦峰，高耸的山峰洁白而素雅，壮美的气势中有些许的清冷之美。云雾宛若白纱掩住了容颜，真有些“犹抱琵琶半遮面”的羞涩。南迦巴瓦峰的真容总是若隐若现，云海潮生就更难窥见，所以才使人着迷。南迦巴瓦峰，藏语意为“直刺蓝天的战矛”，其主峰海拔7782米，长年冰雪覆盖，素来享有“冰山之父”的美誉。但南迦巴瓦峰山脚下气候温和湿润，植物异常繁密，还有许多温泉。

在夕阳余晖的映照下，平日里肃穆的金顶宝幢多了一丝祥和，殿堂内部不仅有缤纷的壁画，还有精美的雕栏玉砌，洪亮的钟声不断地回荡在游人的耳边，青稞田里飘来的幽幽清香，此情此景，到底令你的灵魂起了一丝颤动吧？放牧归来的藏族少女，穿着鲜艳的红裙，明媚的笑容荡漾在她们的脸上，迎风飞展的是她们舞动的长袖，身后还有健壮的康巴汉子，所有的一切组成了一道令人沉醉的靓丽风景线。藏族的青年男女把最热情的微笑，奉献给风尘仆仆的路人，把家的味道摆上餐桌。他们质朴的性情，粗犷的歌喉，充满激情的舞蹈，自成一道风景，给你永难磨灭的记忆。

夜色渐浓，酥油茶的香味弥漫开来，尝一口，浓浓的香味在唇齿间回转，随着悠扬的曲调跳着锅庄舞，生活的烦恼好像不见了，心中只有满满的快乐。在梦中追溯林芝的沧海桑田，倾听春的灵魂回归的跫音，感悟古老的生命深处被遗忘的秘密，给自己的心灵做一场瑜伽，抖掉迷茫与疲惫，轻装上阵吧。

旅游小贴士

地理位置：西藏自治区林芝市

最佳时节：四季皆宜

开放时间：全天开放

旅游景点：墨脱的瀑布、嘎瓦龙、拉多藏湖、布久喇嘛林寺

特色风味：青稞酒、糌粑、酥油、酥油茶

林芝最高的山峰——南迦巴瓦峰。

额济纳 胡杨林观景胜地

澄净的湖水为额济纳增添了一丝灵动之气。

苍凉而空旷的额济纳在蒙古语中被人们称为“先祖之地”，部分人认为这里曾是匈奴最早的国都。而今的额济纳已是黄沙漫天，寸草不生。然而生命力极强的胡杨是个例外，它们顽强地存活了下来，千年之后，仍在呼啸的风沙里绽放着永恒的魅力。

“活着千年不死，死后千年不倒，倒后千年不朽”，这是人们对胡杨林的赞誉。额济纳的胡杨林是世界上仅存的三处胡杨林之一，灰褐色的树干上分布着纵横交错的深刻裂纹。恶劣、干旱的环境使地底下的树根可以延伸到十几米的深度，从而吸收水分以供生存。艰苦的环境没能扼杀胡杨家族，反而激发了

额济纳分布广泛的胡杨林。

旅游小贴士

地理位置： 内蒙古自治区阿拉善盟境内

最佳时节： 9 ~ 10 月

开放时间： 全天开放

旅游景点： 胡杨林、怪树林、黑城遗址、居延海

特色风味： 手扒肉、烤全羊

它们更顽强的生存意志，苍劲的枝干坚定地站立在这片荒漠中，那金黄的树叶在蓝天白云下肆意挥洒昂扬的斗志，正是这决不低头的挺拔姿态，胡杨被誉为“沙漠英雄树”。

欣赏额济纳胡杨林，最好是在金秋季节，此时，胡杨的魅力绽放到极致。原本碧绿的胡杨在这个时候转化为耀眼的黄色，举目四望，碧蓝天空下的胡杨林更加的摇曳生姿。欣赏胡杨的最佳地点是二道桥、四道桥和八道桥，碧水映金树，蓝天秋意浓，人行其上，入目之处一片金黄，仿佛胡杨肆意燃烧的生命之火。

造型奇特的胡杨是额济纳特有的风景。

怪树林是胡杨林枯死后，经过风雨洗礼形成的古树林。这里的美浸透着经过生死后的沧桑感。干枯的胡杨树十分的挺拔，极像战场上英勇的战士。走进这片“古战场”，在蓝天下，这里的胡杨千姿百态，有的像从山而下的凶猛老虎，有的显示出直指长空的豪迈之气……干枯的胡杨林，或躺倒，或直立在莽莽天地间，尽情演绎着震撼人心的极致美感。

黄沙半掩的黑城充满了神秘感。

距离怪树林不远的黑城原是西夏国的都城遗址，同时也是丝绸之路上保存较为完整的一座古城。漫漫黄沙掩盖了这座古城的大半城角，走进古城，最令人瞩目的就是挺立在西北角的白塔。如今，在茫茫荒漠上，白塔已失去了昔日的庄严，显得荒凉破败。虽则荒凉和沧桑，却也别具一番风味。

美丽的居延海是由祁连山的黑水河汇聚而成，秀美的风光令人为之心动。曾经一度枯竭的居延海如今又重新焕发出生机，这里湖水清澈、水草茂盛，不时飞起的白鸥给这个略显荒凉的地方增添了些许生气。

时空交叉，密密如织，生命在古老的底色中透出新的绿植，一种像水流般绵绵不息的传承，在这此起彼伏地上演，风中长吟的是岁月的歌、是历史的歌，更是生命的歌。

木板桥在居延海浩瀚的芦苇花丛中蜿蜒向前。

沙坡头 塞上江南

沙坡头由麦草方格组成的治沙工程是景区的重要景观。

王维一提笔，就把“大漠孤烟直，长河落日圆”一句经典，深深嵌入了诗坛，那雄浑壮阔的意境每每读来都令人赞叹不已。夕阳西下，艳红的落日仿佛沉入滚滚的黄河，沙海深处几缕青烟徐徐升起，在一望无际的黄沙中苍茫而绮丽。如同洪水猛兽的沙海带着惊人的气势向前滚动，突然间，一股神秘的力量像是扼住沙海的喉咙，漫漫黄沙戛然而止，这就是黄河。堆积的黄沙犹如困兽千百年来没有移动半步，仿佛凝固的雕塑，镂刻出了这令人叹为观止的沙坡头。

位于宁夏回族自治区中卫市的沙坡头以南的地方是蜿蜒起伏的香山，北边是无边无际的腾格里大沙漠，汹涌奔腾的黄河从中间穿越而过。沙坡头是我国第一个生态保护区，漫漫荒漠、碧绿草原、奔腾的黄河和险峻的山峰，不仅有塞外戈壁雄浑壮阔的美景，还有水乡的灵动秀美。

处于广袤的腾格里沙漠附近的沙坡头，黄沙漫漫，这里的黄沙可以和海滩上的白沙相提并论。“游遍中国万里路，长忆宁夏沙坡头”，来到沙坡头怎能不滑沙？沙坡头沙丘连绵、沙峰高耸，是一座天然的滑沙场地，接踵而来的游人从百米高的沙峰上快速滑下，十分惊险刺激。黄沙在簌簌下滑的过程中传来了奇特的声响，如同沉闷的鼓声，与游人的尖叫声混合在一起就是一曲交响乐，这就是沙坡头的特色美景之一——金沙鸣钟。

很多人认为沙漠充满着神秘感，总想深入腹地探一探究竟。沙坡头以北的地方紧挨着腾格里沙漠，浩瀚无垠的沙漠上有游人骑着骆驼缓缓行走，清脆的驼铃“铛铛”响，不时还会传来游人的欢声笑语。要想体验一番“大漠孤烟，长河落日”，便要等到天气晴朗的傍晚，这时，伫立在沙峰，大漠、孤烟、长河、落日组成画景呈现在眼前，如梦如幻。欣赏完沙漠的壮丽，还要看一看绿洲的清澈，在沙坡头的南面，汹涌的黄河阻挡了沙漠的前行，滚滚的黄河水孕育了一片片绿洲、湿地，它们共同守护着这片土地，使它丰饶和富足，因此也就有了宁夏“塞上江南”的美誉。

旅游小贴士

地理位置： 宁夏回族自治区中卫市境内

最佳时节： 7 ~ 11月

开放时间： 08：00 ~ 18：00

旅游景点： 金沙鸣钟、黄河水车、滑沙场、沙漠博物馆

特色风味： 清真宴、羊肉芸豆卷、虎皮肉

沙坡头中清澈的湖水、碧绿的水草。

蜿蜿蜒蜒通向远方的栈道。

用羊皮扎成的羊皮筏子，浮于水面用于渡水。

在沙坡头，若是胆大想玩一番惊险刺激的，那就要乘坐一次羊皮筏子。羊皮筏是用割去头蹄后剥下的羊皮扎口吹气直至鼓起，然后并列编排成筏子。羊皮筏因为制作方法简单且轻便，成为沙丘上十分便捷的运输工具。在急速的黄河水中，羊皮筏随波逐流，坐在上面的游人若是胆小必被吓得惊叫连连。

沙坡头之所以闻名中外，还有一个重要的原因那就是这里的治沙工程。包兰铁路的修建使这里逐渐对外开放，为了保护这条铁路线，沙坡头的人民创造性的以“麦草方格”成功制服了先前令人束手无策的沙漠，从而使这片黄色的土地上开出了绿色的花朵。

沙坡头不仅有着“塞上江南”的自然美景，还有浓郁深厚的历史韵味。2000 多年前汉武帝曾在这里屯兵戍边，并且还在黄河堤岸筑坝引水。“一代天骄”成吉思汗也在这里勒马回首，派军队驻守这里，沙坡头也成为他一生辉煌的终点。

坐在“沙漠之舟”的背上，跟着缓慢的节奏，进入沙海深处，放眼可见，金黄色的沙砾在灿烂的阳光下散发着炙热的气息，或高或低的沙丘分布在宽阔的沙海中形成曲折的线条，就好像细细的波浪，在天高云阔下形成一幅壮观的沙漠风景画。滔滔的江水从寒冷的高原行来，一轮落日染红天际，仿佛河水与狂沙相斗时挥洒的热血，雄奇壮烈。

站在悬索桥上可观看沙坡头美丽的景色。

芦笛岩洞 大自然的艺术之宫

桂林的山和水一直以来都名动天下、世人皆知，除此之外，桂林也有许多美丽的“洞穴”，芦笛岩洞是这些“洞穴”中最为有名的，来到这里的游人无不对此奇幻景观赞誉有加，因此芦笛岩洞也被称为“国宾洞”。

旅游小贴士

地理位置：广西壮族自治区桂林市境内

最佳时节：四季皆宜

开放时间：08：00 ~ 17：30

旅游景点：狮林朝霞、圆顶蚊帐、出塞昭君、云台揽景

特色风味：锅烧猪牛肉片、卤牛膀、牛肝

芦笛岩洞的由来十分奇幻，带有极其鲜明的东方神话色彩。相传嫦娥仙子感念人间疾苦，不忍目睹官兵欺压百姓，于是便暗中劫获皇帝寿诞的贡品，藏在桂林城外一石洞中。后因乡绅强占，村民无法享有，嫦娥盛怒之下将其变为钟乳石。充满了神话色彩的故事，更给这个变幻莫测的洞府披上了一层美丽的外衣。传说可信，也可不信，然而能经历长远的历史流传到今，也可见芦笛岩洞的历史悠久。

进入芦笛岩洞，水道曲折，碧波荡漾，水石难分，奇幻异常，好像遨游东海龙宫一般。不计其数的钟乳石在这里呈现出千变万化的姿态，在不同颜色的灯光的照耀下呈现出绚烂的色彩，在幽深的洞中显得异常神秘，散发出一种梦幻的美丽。

溶洞的顶端悬挂着数不胜数的钟乳石，和洞底的石笋相连接，形成“顶天立地”的石柱。这些石柱经过了漫长岁月的累积才有了现在的规模，旺盛的生命力使这些石柱如今还在继续生长着。放眼望去，各种各样造型的石柱充斥着石洞，有的像扬蹄飞奔的骏马，有的像在河边饮水的水牛……尤其是洞顶有一块悬挂着的钟乳石，样子像极了咆哮的猛虎，在洞底的水潭边还有一块岩石，远远望过去特别像一只即将上岸的龙，与洞顶的猛虎遥相对应，大有一决高下的气势。洞中最高的石笋外形特别像观音，

洞底有石笋，石钟乳和石笋连接成石柱。

霓虹灯色彩变化，洞中犹如仙境。

周围的矮石就好像是朝拜的信徒，细观之，异常的生动传神。在距离“观音”不远的地方，还有一堆好像是烈火燃烧的钟乳石。除了这些千奇百怪的钟乳石，洞里面的石壁上还有许许多多美丽的“壁画”。这些“壁画”有的像天空中漂浮的云彩，有的像巨大的蘑菇，这些美妙的景观激发了游人无边的想象力，于是就有了“金鸡独立”“跃水鲤鱼”等精彩的表演。

从古至今，芦笛岩洞的地下世界一直吸引着无数的游人到这里游览，他们无不为这奇幻的景观所折服，从而留下了许多墨宝。在洞中你还可以看到唐朝时流传下来的壁书，还有“一洞”“二洞”等区分景区的字样，除此之外，还有“塔”“笋”等对事物的命名。这些作品风格迥异，用笔的粗细和笔力的强弱变化，都暗藏在字里行间，可见布局安排之用心、运笔功力之深厚，具有很高的审美价值。

无论你为何而来，芦笛岩洞里总有你喜欢的奇景，随着洞府不断深入，奇特的景观一一呈现在你的眼前，令你不得不感叹大自然无边的创造力，同时也会激发你无限的想象力，在这里你可以拥有属于自己的魔幻世界。

童话世界般的芦笛岩洞。

伊吾胡杨林 岁月的丰碑

胡杨林中千奇百怪的造型。

日月穿梭，时光荏苒，不过弹指间，多少繁华，多少兴衰，终遭雨打风吹，灰飞烟灭，而那些依旧站立的必定迎来歌颂。那远在无边无际的沙漠中屹立千年的胡杨该怎么称颂呢？当你与这些被岁月雕刻的丰碑站立一处时，你的灵魂将会产生一种怎样的悸动呢？

哈密伊吾的胡杨林可算是全世界年岁最长的胡杨，堪称奇迹，甚至被誉为“活化石”，他们身上每一处都是历史，都是生命最倔强的演绎。尽管常年经受着盐碱的侵蚀，胡杨依旧能把根须扎进坚硬如铁的土地，求得生命的给养，坚强地生存下去。当所有生命的颜色被黄沙掩盖，荒蛮的戈壁滩头，咆哮着永不停息的狂风，烈日似火烧焦大地，花草乔木憔悴而萎靡，无法振作，唯有胡杨树从容屹立，绿叶婆娑。

胡杨之所以能够在如此恶劣的环境中生存，是因为它有极强的环境适应性。伊吾土地的盐碱含量极高，胡杨必须深扎根才能越过盐碱层，有时甚至要向下十几米才能从土地更深处获得给养。伊吾气候干燥，极为缺水，胡杨在生长过程中就不停地变换叶形，叶子从下至上越变越小以减少水分的蒸发。当所有生命——主动也好，被迫也罢——抛弃伊吾这片土地时，只有胡杨的身影在漫漫黄沙中站立，并且一站就是亿万年。是胡杨林组成绿色的城堡，一直坚守着生命的希望，它告诉四方赶来的朝圣者，这就是“沙漠勇士”不低头、不服输的品格。

进入胡杨林，犹如进入一座天然的艺术宫殿。在茫茫无际的沙地上，那些胡杨有的昂首挺胸显示出凛然的气势，而有的躯干断裂以致看不出本来面目。树身倾斜的如蛟龙出海，展开的枝杈似龙爪飞舞，一派腾跃之势。铺地横卧的如猛虎啸山，躯体盘踞低伏，以待瞬间扑击。体形较瘦的似妩媚的少妇，容貌清秀，轻曼窈窕，亭亭玉立。树身宽大的似老态龙钟的长者，眉须飘动，神情庄严。

伊吾胡杨作为胡杨的一种，是当今世界上最古老的杨树树种，它们以坚毅顽强的个性挑战生命的极限，令“活着千年不死，死后千年不倒，倒后千年不朽”成为其最佳注脚。

旅游小贴士

地理位置： 新疆维吾尔自治区伊吾县

最佳时节： 四季皆宜

开放时间： 全天开放

旅游景点： 胡杨林

特色风味： 石板烤肉、手抓羊肉、酸奶疙瘩

秋日是伊吾胡杨林最美的时节。

霞光之下的胡杨林姿态婆娑。

东川红土地 赤色的田园

东川红土地有一种令人震撼的美，因鲜艳的红色被称为“世界上最有气势的东方红土地”，在云南省的昆明市。在距离东川西南方向不远，有一个名叫花石头村的地方，四周的景色就好像是画画时不小心打翻的调色盘，各种颜色混合在了一起，形成了旖旎的风光。

天地辽阔，远远望过去东川红土地一片红彤彤。

红土地之所以这样红，是由于云南省大部分地区属亚热带和热带气候，整个环境温暖湿润，加之海洋沉积的“喀斯特”地貌，从而使土壤呈殷红和赭红色。随着年月积累，加上风雨的侵蚀，经过长时间的阳光照射，红土地中的铁元素与空气中的氧气相互作用，产生沉淀，这些沉淀物渗入土地中，于是土地的颜色就愈

发红润，形成了现在的瑰丽色彩。其中，最具典型性的红土地景观当属花石头村附近。

花石头村可以说是东川的中心，几乎所有的景观都围绕着它，因为各个景点的距离不远，所以这也使得景观呈现出比较集中的特点，在很大程度上节省了游客的时间。在众多的景观中，七彩坡、红土地大观、落霞沟等乃是来者必去的地方，其中从花石头村向北这一线中，打马坎的景致人气极旺，备受游人喜爱。打马坎其实是一个村子，这里的风景十分秀美，每当朝阳刚露出半点，你站在高处俯瞰村落，可见红土上一派田园风光，薄薄的晨雾还未消散，仿佛一层轻纱罩在上面，隐约地现出村落的轮廓，渐渐日光斜射，土地红色的表面又镀上了一抹金黄，此时炊烟缭绕，鸡鸣三声，格外醉人。

等到天光大亮，云彩浮动，太阳升起，一片金色洒满大地。麦苗青绿随风掀起波浪，涌向天边，金黄的油菜花尤其晃眼，红

绿油油的田野里生机勃勃。

秋收过后，麦秆堆像小绵羊乖乖卧在田地里。

旅游小贴士

地理位置：云南省昆明市

最佳时节：四季皆宜

开放时间：全天开放

旅游景点：七彩坡、锦绣田园、乐谱凹、神树、打马坎

特色风味：东川羊肉、洋芋、牦牛火锅、牦牛干巴

彤彤的土地宁静祥和，袅袅升腾的炊烟从不远处的村舍房屋上飘来，村头的老树向路过的人招手，赶着牛车的农民扬起手中的长鞭，在空中打个响哨，黄牛依旧慢慢地踱步。

落霞沟从名字就可以清晰明了地知道这里最美的时候就是夕阳西下、彩霞满天的时候。它在花石头村的东边，四周都是崇山峻岭，中间有一块色彩斑斓的洼地，浓重的色彩冲击着视觉，站在这里看漫天晚霞一点点燃烧尽，黯淡下去，那种辉煌与壮丽的景色如此地令人难忘。

除此之外，还有美丽的月亮田，那是峡谷内一块弯月形状的七彩梯田，在夕阳余晖下散发着迷人光彩。沿着蜿蜒曲折的小路向西一直走到螺蛳湾，静心等待黄昏的来临。

东川红土地的景色四时皆美，无论什么时候到那里它都不会让你失望。带着愉悦的心情在每年的春末或者秋季，将美丽的瞬间收进你的眼内，定格在你的心中。春暖花开的东川有着鲜明、丰富的色彩，它就像经过渲染的锦缎，华丽异常，令人驻足不忍离去。

夕阳西下，红土地和晚霞融在一处，天地难分。

毕棚沟 幽谷胜地

毕棚沟地处四川省阿坝藏族羌族自治州理县朴头乡境内，秀丽的自然风光引来许多游人，漫天飞舞的红叶为这里增添了一抹亮色。深入景区，浓密的原始森林遮蔽天幕，清澈的瀑布飞挂岩壁，晶莹剔透的冰川巨大无比，真是天地造化，才呈现出了这么一处绝佳的人间美景。

毕棚沟有着无穷魅力，它需要你走进其中慢慢地欣赏。湛蓝的天空中白云朵朵，纯白的雪盖着远处的山顶，像白手帕裹头的老农民。清风吹过，一圈又一圈的波纹在湖面上漾开，周围翠绿的树木映在湖水中，还有火红的枫叶合着水中的影子，烧遍了整个山谷，给人一种将要窒息的感觉，奇幻的色彩，使得这一切越发显得不真切，犹如坠入梦境一般。

高耸险峻的山峰被白雪覆盖，神圣而壮美。

旅游小贴士

地理位置： 四川省阿坝藏族羌族自治州理县朴头乡境内

最佳时节： 7～8月

开放时间： 07：00～16：00

旅游景点： 才女十二峰、女皇峰、美人链瀑布、叉子口冰川、大草片珍珠瀑

特色风味： 猪膘、酸菜汤、搅团、藏式火锅

整个景区美景数不胜数，有美如画的自然风景，还有文化气息浓厚的人文景观，它们就好像点点星光散落在毕棚沟的各个角落。奇峰怪石林立，沟壑幽谷纵横，冰川瀑布动静相称，野生动植物种类繁多，叫人目不暇接。

女皇峰、才女十二峰等风光秀丽，树木茂密，山峰千姿百态，有的势如擎天柱，笔直入云，清冷孤绝，有的群峰簇拥，像几个顽童耍作一处，热热闹闹。在绿树掩映中赏嶙峋怪石，妙趣无穷，如果拿黄山奇石与之相比，也在伯仲之间，不遑多让。除了这些之外，雄鹰岩、杜鹃山、狮子守皇峰等也具有独特的风光，还有栩栩如生的玉兔问天、下凡仙龟，气势威武的通天门、镇山将军等，各个都非同凡响。

毕棚沟的奇峰异石固然好看，其冰川也别有特色颇可一观，如叉子沟冰川、倒钩万年冰川、燕子岩冰川等，在湛蓝天空、漫山红叶和幽碧湖水的映衬下异常壮观，仿佛是大自然经过亿万年的精心雕琢才以之示人的心爱之物。

在这里，藏、羌、汉三个民族的居民和睦相处，团结友爱，相互扶持。千百年来，他们一起饮着岷江的水，就像一个大家庭一样。他们辛勤劳作，兢兢业业，共同生活在一起，这里充满了文化的气息和历史的韵味。点燃的篝火旁飘来浓郁的烤肉香味，耳边传来串铃皮鼓的声音混合着悠扬的歌声，在这样的夜晚如何能不沉醉？

 湖水清澈见底，变幻莫测。

米堆冰川 冰封的世界

米堆冰川位于我国最大的季风海洋性冰川分布区——藏东南的念青唐古拉山与伯舒拉岭的接合部。来自印度洋的西南季风沿着雅鲁藏布江和察隅河谷一路北上，深入到念青唐古拉山与伯舒拉岭这一系列东南走向的高山之中，并带来了大量降水，于是在一个叫米堆的藏族村庄后面一座海拔 6000 多米的雪峰周围，诞生了一个奇异壮美的精灵——米堆冰川。

米堆冰川位于波密县玉普乡境内，距离川藏公路很近，最终汇入帕隆藏布江。此地有奇幻、瑰丽、壮美的自然风光，其中巍峨的雪山、奇特的冰瀑布、澄清的冰湖、

旅游小贴士

地理位置：西藏自治区林芝地区波密县

最佳时节：四季皆宜

开放时间：全天开放

旅游景点：湖泊、森林、冰川、峡谷、村落

特色风味：青稞酒、糌粑、酥油和酥油茶

湛蓝天空下，白色山尖，褐色山腰，低洼处一潭碧水。

葱郁的森林、成群的牛马、热情的村民等和谐相融，遂成为海内外闻名的旅游风景区，吸引了无数的游人前来观光。

置身于此，不禁令人有种返璞归真的冲动。仰望苍穹，湛蓝的天空中，云朵像牛乳一般纯白，随着柔和的风缓缓浮动。远处雪山山顶的积雪在阳光下闪耀着银色的光，山腰却是黑褐色的山体本色，色彩明暗交替、对比强烈，总让你不禁联想起哪一位大师的名画。四季交换，风光不同，融雪期，山上低洼处由于积水形成一片幽静的湖泊，被冰川的臂膀裹在怀中，湖水蔚蓝，清澈见底，焕发出幽幽而柔和的光，如蓝色的宝石镶嵌在一片银白之中。细波像鱼鳞密密排列，借着风慢慢荡开，云在水中的倒影也跟着漂移。这就是雪域的心灵，明净而透亮，不带有一丝一缕的尘埃，给你一次灵魂的洗礼。

垂直跌落的冰瀑布。

经过多年冰蚀而形成的冰盆又是另一处奇观，它高高耸立在苍翠的林木和巍峨的雪峰中间，三面被冰雪覆盖，积雪经常崩落，由于冰雪在冰盆中聚集过多而溢出，形成晶莹剔透的冰瀑布，异常宏伟壮观，就好像被定格了的时间。瀑布上端的冰在雪的掩盖下静静地聆听身底依然汩汩涌动的河水，瀑布转折的角度由水平走向垂直，急切下去形成厚厚的冰体，体表隆起细流凝固成的冰柱，或者悬空垂挂形成壮观的冰凌，如剑刺向大地。

被茂密森林包围的米堆村。

森林旁边安详的静卧着米堆村，这个宁静的藏族村落如同陶渊明笔下的桃花源，村民世代久居于此，与世无争。由于地势偏低，雨水温润，使得耕田肥沃，收成丰厚。牦牛和马群静静地在坡上吃草，村子里炊烟袅袅，一派温馨祥和。